跟陈志红一起学阿里巴巴品牌建设

未来已来 让天下没有难做的生意！

陈志红◎著

黑龙江教育出版社

图书在版编目（CIP）数据

跟陈志红一起学阿里巴巴品牌建设 / 陈志红著. --
哈尔滨 : 黑龙江教育出版社, 2017.8
（若水集）
ISBN 978-7-5316-9592-9

Ⅰ. ①跟… Ⅱ. ①陈… Ⅲ. ①电子商务—网络营销品
牌营销 Ⅳ. ①F713.365.2

中国版本图书馆CIP数据核字（2017）第226305号

跟陈志红一起学阿里巴巴品牌建设
Gen Chenzhihong Yiqixue Alibaba Pinpai Jianshe
陈志红 著

责任编辑	高　璐　常　畅
装帧设计	久品轩
责任校对	张　楠
出版发行	黑龙江教育出版社 （哈尔滨市南岗区花园街158号）
印　　刷	北京市文林印务有限公司
开　　本	710毫米×960毫米　1/16
印　　张	18
字　　数	230千
版　　次	2018年1月第1版
印　　次	2018年1月第1次印刷

书　　号　ISBN 978-7-5316-9592-9　　定　　价　49.80元

黑龙江教育出版社网址：www.hljep.com.cn
如需订购图书，请与我社发行中心联系。联系电话：0451-82533097　82534665
如有印装质量问题，影响阅读，请与我公司联系调换。联系电话：010-64926437
如发现盗版图书，请向我社举报。举报电话：0451-82533087

前　言

Preface

每家企业都可以有自己的品牌

互联网的发展使得网络推广模式也在悄然地发生着变化，曾经以流量为主的营销推广模式，如今已经转向以推荐为主。在自媒体崛起的时代，对企业而言，最重要的资产一定是品牌，一定要让品牌发声。

在互联网营销刚开始的时候，即“百度一下，你就知道”的时期，做互联网营销的企业还很少，谁能在第一时间将自己的产品展现在用户面前，谁就能赢，那时因做互联网营销的企业较少，用户的可选择性不多。

但现在越来越多的企业涌入到互联网竞争中来，竞争越来越激烈，用户的选择越来越多，面对这样的情况，企业的突破口在哪里呢？品牌！因为只有品牌，才能展示出独一无二的自己。

网络在发展，阿里巴巴1688也在发展。众所周知，阿里之前以批发为主，而随着商业模式的增加以及各种工具渠道的改变，阿里巴巴也在发生着变化，从以前的以信息流为主的平台，变成了现在的信息流、在线交易、移动端、金融、诚信、品牌打造等为一体的平台。

在这样一个超级大的平台上，我们只要能做好其中属于自己的几个方面，我们的品牌就可以发光发热了，我们应该感谢这个平台，它让我们找到了属于自己的位置，无论是大企业还是小企业。

阿里巴巴1688主打的是B类生意，B类生意不管是在交易上，还是在老客户的维护上，都有很多独特之处，也许一个订单，就能够我们生产一年，也许一个老客户，每个月都会找我们进货，十年后二十年后，他依然会是我们的客户。再有就是市场容量，B类生意的容量无穷大，因为企业会有很多分销，很多的连锁。这些都是其他商业模式不具备的特点，所以，我们做B类生意会很轻松，订单会很大。

不管你是个人，还是很小的企业，在阿里巴巴平台上都可以找到属于自己的位置，因为它有一定的门槛，这就好比线下的大经销商、小经销商，更为重要的是品牌，对品牌而言，价格只是其中的一个方面，用户更注重的是服务。所以，这是一个协同的时代，只要我们愿意，都可以在阿里上找到适合自己的舞台。

阿里巴巴成就了很多人，不仅是企业法人，就连一些个人，都能从什么也不懂逐渐成长起来，进而收获了财富、自信、事业，找到了人生方向，成就了一生。不敢想象，如果没有阿里这个平台，我们又在做什么？

我的老家在德化，是陶瓷产地，之前，当地的陶瓷基本都会出口，而且销量不大，许多年轻人不得不外出打工。但现在因为阿里巴巴给他们提供了平台与机会，年轻人纷纷从外地回家，通过阿里销售陶瓷，从而带动了地方经济的发展，这在以前是想都不敢想的事情。有了电商，年轻人有了自己的客户群，渐渐地，又可以发展实体，又可以开厂，而现在的工厂生产的产品都是以客户需求为主体的，不需要担心产品销售不出去。

我身边也有好多朋友因为阿里改变了人生轨迹。以前做服装的朋友总会为库存积压而烦恼，但现在借助阿里平台，就很好地解决了这个问题，在一线城市是库存积压的产品，在二线、三线城市却是正好的款式，物美价廉，就不愁销售不出去了。

我还认识几个年轻人，因为喜欢摄影，喜欢设计，在大学的时候就已经在阿里巴巴上赚钱了。在阿里平台上有很多企业没有自己的拍摄设计团队，需要这样有一技之长的人才。于是，这几个年轻人利用自己的技能，加上学校得天独厚的模特资源，很容易就能做出企业满意的图片，从而轻轻松松地赚到钱。

甚至有一些人之前都没有接触过阿里，但现在怎么样呢？因为成为了我的学员，让他们有了学习阿里的机会，所以，现在他们个个事业有成，有的在家边带孩子边做生意，有的刚大学毕业不久，就实现了自己的创业梦想。

对企业而言，阿里的作用就更大了。之前，一个企业有几十个业务员风餐露宿地到处跑业务，非常辛苦，老板也累，因为不想那么辛苦，所以，他们想到做阿里，把阿里做好。现在，他们真的实现了足不出户，就订单不断。不仅工作效率提高了，客户也一直在积累，销量比以前提高了几十几百倍，给企业的发展开辟了新的渠道。

最重要的是，阿里平台上的公司、个人渐渐地打造了自己的品牌，用更好的服务、更好的质量、更好的推广来打造自己，最终成就了自己。诚然，在打造品牌的初期会非常辛苦，可品牌一旦打造起来，就会越做越容易，因为老客户一直在沉淀，老客户又带来了新客户，使得优秀的商家越来越优秀，优秀的品牌越来越优秀。

此外，阿里还很贴心，阿里金融就是最好的体现。只要用心经营，很多人都能轻而易举地贷款，让生意资金快速流动，使生意更上一层楼，甚至有不少人通过阿里金融提前实现了扩大公司规模、安小家的梦想。

就我自己而言，对阿里最有感触的就是，每次走进一个产业带，都会发现厂家的很多订单都来自阿里，而且都是很大的订单，有时一个订单就能让厂家生产一年半载。当然，那些成功的人一定是用心耕耘的人，他们用心打造自己的品牌，在将一个单品做好之后，又会做更多的单品，甚至是行业里的几个细分都做得很好，他们的公司也会随着他们的细分越来越好，有的销售额可高达上亿元。

总之，不管你是个人还是公司，只要用心去做，都会有很多机会，而且大家的机会都是均等的，所以说，每家企业都可以有自己的品牌，甚至每个人也都可以有自己的品牌。如果你想打造自己的品牌，如果你不知道如何去打造自己的品牌，如果你想在阿里这个平台做得更好一些，就请你好好阅读本书，它一定会让你受益匪浅。

陈志红

2017年3月15日

目 录
Contents

Part3 旺铺的装修

Part4 手机端旺铺

Part5 站内搜索

Part6 产业带

Part7 一件代发

Part8 火拼

Part9 阿里直播

Part10 微商进货

Part11 进口货源

Part12 淘工厂

Part13 零售通

Part14 全网

做阿里之前

一、阿里巴巴，满是宝藏的赚钱平台

网络赚钱平台有哪些？很多人第一时间就会想到在淘宝上开网店。的确，淘宝成就了很多人，我们平常也都是在淘宝上购物，但有一个平台，我们虽然听说的不多，却与我们的生活息息相关，它就是阿里巴巴1688，大家习惯叫它阿里巴巴。

其实，阿里巴巴1688与淘宝同属于阿里巴巴集团，只不过阿里巴巴1688是一个B2B平台，即企业针对企业的平台，所以很多企业主十分熟悉这个平台，其中有不少人就是这个平台的会员。

为什么说阿里巴巴与我们的生活息息相关呢？因为淘宝上的很多商家都从阿里巴巴批发进货，包括批发材料、零件等等，我们平常购买的品牌商品，也许就是通过阿里获得的加工订单，除了代加工，阿里平台上还有很多频道，如代理、线下零售等。

由于阿里是企业的平台，所以，不论是大企业还是小企业，都会来阿里采购，借助阿里这个平台赚钱的人很多，它是一个很有保障的平台。

我认识一个生产销售LED灯的朋友，一次出货最少也得5万、10万，而这是最小的单，其销售额细细算一下，真是不得了，哪怕一个灯赚一块钱，积少成多，收益也是颇丰，那么，他为什么能有这么多订单呢？因为他专门有一个团队做阿里，所以，每天都能接到很多订单。

其实，阿里上并不能显示全部的交易，很多时候只需一个电话，就将生意搞定了，因为都是老客户、回头客，轻车熟路，很快便能成交。

那为什么说阿里巴巴是一个满是宝藏的平台呢？因为除了在阿里上销售产品外，还有很多人在阿里上进货，然后在线下销售，或者去其他平台销售，产品物美价廉，销量自然会很高，收益就会很可观。

当然，在阿里平台上不仅可以销售产品，还可以提供服务，为平台上的买家、卖家服务，也是一个不错的生意，这也是该平台的一个特性，阿里巴巴这个平台主要有四大特性，如图所示：

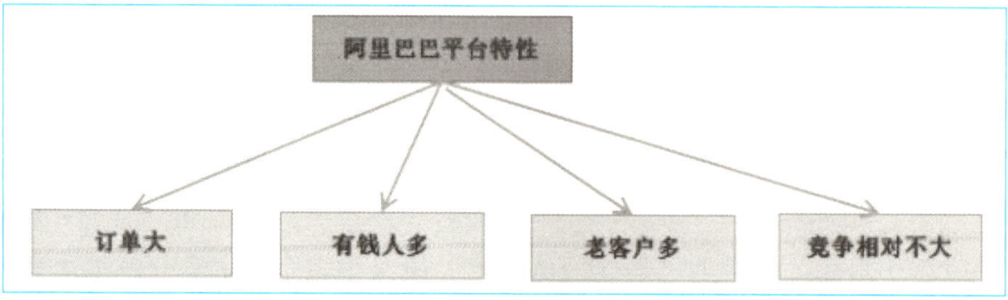

（一）订单大

这个比较好理解，因为都是公司工厂的批发商、采购商采购，甚至有些是中国500强企业、世界500强企业，单笔订单的销售额自然就大。

（二）有钱人多

阿里巴巴平台上聚集了企业老板，他们往往会亲自做阿里巴巴，而且他们往往有自己的工厂、公司，都是名副其实的有钱人，人们不是经常说，要做就做有钱人的生意嘛！

（三）老客户多

老客户多是做B类生意的一个特点，因为大家都不喜欢换供应商，只要你的产品好，服务好，基本都会一直与你合作，追到你的家里做生意都是有可能的。

（四）竞争相对不大

竞争不大，是相对其他模式而言的，我国有很多的资源，有些位于偏远的山区，网络还不是那么多普及，所以，竞争相对会小一些。

总之，阿里巴巴是一个满是宝藏的赚钱平台，只要用心做，肯定能挖到宝藏。

二、产品的选择很重要

不少人有这样的疑惑，想做阿里巴巴却不知道要销售什么，也有些人手里有货源，不知道能否在阿里巴巴平台销售，比如有些人手工做的衣服，质量非常好，想在阿里巴巴这个平台上销售，不知道是否行得通。

实际上，在阿里巴巴这个平台上有很多东西都是可以销售的，只要是合法。据我所知，有不少自己手工做的衣服在阿里巴巴上卖得都很好。但若是从赚钱的角度、从品牌的角度来分析的话，销售的产品还是应该有一定选择性的。

比如，我们可以卖石头、沙子，但这些产品没有特殊性；再比如，我们可以帮人家缝补衣服，但很难形成自己的品牌，因为受时间、空间的限制，因此，我们选择的产品一定要是最适合自己的，最符合市场的。

我在辅导学生的时候，通常会叫他们先找出20个项目，然后从中选择一个，那么，这二十分之一的产品是如何挑选出来的呢？有怎样的规律呢？

（一）选择利润高的产品

这一点很好理解，同样是卖鞋子，但我们可以做高端的鞋子，即使同样都是拖鞋，其中也是有差别的，就像黄金与大白菜，假如你是一根绳子，那么，你是愿意与黄金绑在一起还是愿意与大白菜绑在一起呢？道理不言自明。

（二）选择单笔订单大一些的产品

以销售配件为例，很少会一个配件一个配件的销售，通常一笔订单就要几千、几万的数量，如果是销售对联，每次就只能销售几副，自然就没有仅靠卖对联赚大钱的了。因此，在没有其他优势的时候，应尽量选择单笔订单大一些的产品，也许一个月三五单，就能有很可观的收入。

（三）最好有自己的资源优势

什么是有自己的资源优势呢？以卖对联为例，你能自己写对联，或者能找到人帮你来写，这就是资源优势，如果能够处于产业带，那就是非常好的资源。假如你是销售工艺品的，你的资源是自己在这个行业摸爬滚打了十余年，或者是你的亲朋好友正好是生产雕塑的，这就是资源。具有自己的资源优势能使你从成功走向更成功，因为你有基础，有核心力。

有自己的资源优势，还能让我们享受到不少的实惠，例如我们去找企业谈合作的时候，他会给我们提供产品的图片，还答应给我们按月结算，而不是一手钱一手货，这都是很大的实惠，也是我们的优势，这会让我们更容易成功。

人们常说，选择比努力更重要。选择对了产品，能让我们成功得更快更容易一些，因此，我们在选择产品时要多方思量，因为一旦选择了，我们会在很长时间内都做这种产品，甚至可能是一辈子的事情，而且有时候更换一种产品是很不容易的，这会涉及到营业执照、注册等很多东西。

有些人的事业做得很辛苦，很大一个问题出在选择上，没有花时间好好选择一个产品，辛苦自然是难以避免的。每个行业成功的人都很多，但他们的成功不可能复制在我们身上，因为我们不具备他们的优势因素，要想成功，就要选择自己具备优势的产品。

三、找准自己的定位

年轻的时候，总觉得可以做很多事情，当画家、做老板，说不定还能成为翻译官等等，但随着年龄的增长，我们会发现，其实人的一生根本不需要做那么多的事情，只要做好、做精一件事情，就能超越很多人。

做阿里也是如此。不能东张西望，瞻前顾后，只要找到属于自己的定位就好，现在的定位决定了以后我们是否能够辉煌。

曾看过一个《石匠的故事》，故事的大意是，有一个人经过一个建筑工地，问那里的石匠们在干什么？第一个石匠回答："我在做养家糊口的事，混口饭吃。"

第二个石匠回答："我在做整个国家最出色的石匠工作。"第三个石匠回答："我正在建造一座大教堂，我将来要做一个工程师。"

多年以后，第一个石匠和第二个石匠还是在原地踏步，干着石匠的工作，而第三个人却平步青云，成为了最出色的工程师。为什么会有如此大的差别呢？因为一个人的定位决定了他未来的发展方向。

在阿里平台上，卖家和买家都很多，他们赚钱的方式也是千差万别的：有人通过批发来赚钱；有人通过招代理，让代理帮忙销售来赚钱，一件产品赚两元钱；也有人通过接加工订单来赚钱，一件产品赚三元钱，生产3000件，就赚了9000元，加工得越多，赚得越多。

总之，每个人的赚钱渠道、方式都是不一样的，不会有人什么赚钱的方式、渠道都包揽，这样一来，赚钱的模式就不清楚了，而且工作量也加大了，什么事情都要顾及得到，从表面上看是什么都做，实际上什么事情都做得不专业，会让客户一头雾水，不知道我们到底做什么，擅长做什么。

或许你自认为很专业，但无法否认的是，你与只专注做一行的人比起来，确实会显得不专业，比如，招代理，不是简单地将产品交给代理商就可以了，这里面会涉及到很多细节，包括产品图片、发货、售后、代理培训、库存问题，以及产品款式等等。

可能有的人会担心如果只做一个产品，只选择一种盈利的模式，会不会影响盈利呢？完全不需要有这样的担心，阿里的市场很大，只做一个都做不完。

除此之外，还要说到另外一个定位，即你是选择创业还是帮忙的问题，创业压力大是自然的，如果选择帮忙，就不会有那么大压力。我的观点是，做阿里不一定非要自己创业，我们可以帮忙接单，这一想法的转变，就会让自己感觉轻松很多。

我给大家讲两个例子，有一个单身女孩，她有稳定的工作，也注册了自己的公司，开了一个阿里，上班的时候就用手机接单，下班回家后再做，一年的销售额可以高达几百万，利润在几十万，她的定位就是帮人接单，有了订单就让厂家发货。

另外一个故事的主人公是我的老乡，他在网上开了阿里，线下有仓库，没有实体店，做的是陶瓷生意，一年的销售额高达2000多万元。每年过年回家，当地的做陶瓷的老板都争先恐后地请他吃饭，为的就是让他帮忙销售，而他自己的定位就是产品质量、服务一定要好，至于价格并不是最主要的，有了这样的定位，跟哪位老板合作都是可以的。

条条大路通罗马，成功的道路有很多条，我们一定要选择一条走起来不要那么多坎坷、泥泞的路为好。

四、阿里是企业品牌建设优秀平台

如果手机没有那么多软件，以及各种强大的功能，我们肯定不会觉得手机有那么的重要。以前每个月交电费，都要早早地去排队，现在有了手机立马搞定。就像企业若没有碰到阿里，从来不知道阿里是如此优秀的平台，平台上有那么多的赚钱模式，对企业品牌建设有着重要的作用。

我有一个朋友，专门帮人建网站，但整个公司只有他一个人。最初，他在线下跑业务，因为他年纪比较大，不十分熟悉网络，但听别人说阿里巴巴平台不错，便开通了诚信通，并在他的名片上附上了阿里诚信通的地址，转化率非常高，因为客户可以看他的旺铺，在旺铺上有很多别人的评价，相当于免费为他做了宣传。他原本没想着从线上接到订单，实际上却接了不少，同时线下的订单也大增。由此可见阿里巴巴平台的重要性，它的重要在于信任度，因为它可以帮忙验证。

类似的案例不胜枚举，有做钻井生意的，有写书法的等等，还有些人看了旺铺之后，直接下单，更可喜的是，还能增加线下的生意，把诚信通的链接发给客户，客户满意后，直接发货给客户，待客户收到商品后，再将款项打过来，大大提高了转化率。

在阿里平台上的企业就更不用说了。很多企业因阿里巴巴红火起来，名声大噪，因为阿里有排名，它也会举行活动，每次的活动都会排名。

此外，阿里还有以商会友平台，就是社区，这里也成就太多人。很多人在上面写文章，通过文章促进销量，有的一年可以销售几千万，还有的人成了红人，一创业就获得了融资，至于那些找到工作、找到合伙人，甚至找到爱情的，就更多了。

其实，综上所言都可以归结为一点，即品牌。不知不觉中，别人已经记住了我们公司的名字，记住了我们的名字，那么，怎么才能让别人更好、更快地记住我们的名字呢？这个问题我将在下面的章节中详细阐述，总之大家记住一点，阿里是企业品牌建设优秀平台。

我的学员中有一个销售护栏的，她在阿里的活动、排名等频道上都很少做推广，她只做一件事，就是写文章，仅这一点，她的年销售额就高达几千万。多年来，她一直坚持写文章，久而久之，大家就记住了她的名字，都亲切地称呼她护栏姐。

有一次，我见护栏姐凌晨一点多还在线，就问她为什么不休息，她说在写文章，我以为她是因为创业才这么勤奋，其实不是，她一直都在坚持，她希望自己每天都能进步。

要想在阿里平台上有所成就，一是要用心，二是要坚持，这样大家才会记得你的名字，或者是公司名字，所以，你一定要打造自己的品牌。也许你会出现在搜索中，也许会出现在伙拼里，也许会在智库中，也许会在头条，或者商友圈等其他频道，总之要有一个能够展现自己的地方。

做阿里巴巴，不是今天做了，就会立马有效果，而是要一直坚持做下去，积累客户、粉丝，才能越来越多，而且客户、粉丝会帮助你介绍生意，你的生意会越来越好。

阿里是品牌背书的最好地方，这个平台上也有很多展示自己的机会，同时也是很多人认可的平台，所以，我建议企业都来开通阿里巴巴。

五、一个好公司名，会有好十倍的效果

我有一个朋友，她研究的方向是整理，比如办公室的整理、卧室的整理

等，她通过远程指导，帮助人们整理，然后收取一定的费用。她之所以从事这项工作，与她的生活习惯、目标有一定关系，就像你想养成一个看书的习惯，是不是会把书放在最方便、最显著的位置呢？这样有空就能随手拿来读一读、看一看了。整理也是一样的，第一步先知道自己要做什么，接下来将所有的东西都搬出来，整理出来。

细细想来，很多事情都是如此，做企业也好，做阿里也罢，万变不离其宗。我在辅导学员的时候，经常告诫他们一定要先学习，哪怕是起一个公司名字，一个好名字与一个坏名字之间的效果也能差上几十倍。

我的一个学员有三个装修公司，做同样的推广，其中的一个公司每个月接到的订单都是其他公司的20倍左右，于是，他问我能否将公司旺铺的名字换成订单做的公司的名字，显然这是不符合规定的。

通过这个例子，我们也可以看到学习的重要性。做阿里的时候，一定要多学习，若是自学，可以向同行学习，看一看他们的公司名字是什么，我们可以多收集一下，然后进行整理，学习其优点，再为我所用，结合自己的需要选择一个最佳的名字。

进行网络推广时，若起点没有确定好，之后会非常辛苦，我的一个学员做服装加工生意，其实，她做服装加工生意已经有一段时间里，只是生意一直没有起色，问题就出在她的公司名字上，XX科技有限公司，让人一眼看上去还以为是搞科技的，自然就不会有生意上门了。

之后，她又去注册了XX服装加工厂，这个名字一目了然，让人一看就知道是做什么生意的，可谓是自带流量，第一天就接到了订单，后来干脆连昵称都修改成了公司名字，亲朋好友都知道她是做服装加工的了。

从表面上看，这是公司名字的问题，往深处想就是定位的不同，刚做阿里时，一定不能想着要大而全，而是选对一个点，选准一个点，才能让我们脱颖而出。大众的思维通常是一定要找到厂家，找到源头，如果你是厂家，

自然就会很有优势，

再有一个问题就是推广关键字，我们在搜索的时候会发现一般标题上都有关键字，大家一看就知道是做什么的，这样做排名、做转化率都会很有优势，我们把它说成公司名自带流量。比如，XX护栏厂一定会比XX科技有限公司在网络的推广上好很多，前者让人一眼就知道是做护栏的，而且是专注做护栏生意，让人感觉很专业。

可能有人会问注册工厂难不难啊？我认为只要去做就不会太难，若不知道怎么做，我们可以去58同城上找人做。有些人在注册时会到产业带去注册，这是非常聪明的做法。比如你做的是陶瓷生意，而且专门代理德化陶瓷，因为德化是产业带，在大家的眼中，一想到德化就想到陶瓷，一想到陶瓷就想到德化。如果你的公司恰好是这样，转化率又会大大增加，相对来说，在产业带做生意会容易很多。

六、免费的阿里也可以做得很好

阿里上的平台有很多，有付费的平台，也有免费的平台，那是不是只有付费的平台更好呢？免费的平台就不会有效果呢？不然，只要用心去做，哪怕是免费的平台，阿里也会帮你推广，如商友圈、智库，生意经，专栏，这些都是免费的频道。

很早的时候，社区只有论坛与专栏，很多人都借助这两个平台进行学习、讨论，因为阿里社区是商人最多的平台，大家每天都在这里分享干货，每天都在这里学习，不仅交到了朋友，还促进了自己的成长，当然，业务也做得更好。

阿里巴巴平台上有一个卖苹果的生意人，我买苹果就会找他，一是因为他在苹果的产业带，苹果的质量很好，二是因为我们是朋友，都经常在阿里上写文章，因此而结识，我经常会送亲朋好友一些苹果表示感谢，自然就会找他了。

我的这个朋友就是网商故事平台的老贺，他不仅仅只是卖苹果，他虽然没有开通诚信通，但他的很多帖子都被推广，使得他的业务做得很好，很多时候只要你愿意去做，机会还是很多的。

在阿里巴巴上，每个人都能开一个属于自己的旺铺，即使没有执照，也可以开通，注册个人用户，然后支付宝验证即可，也可以上架我们的产品，在其他平台或者线下进行推广，有客户需要产品的时候，直接拍就可以了。

老贺没有旺铺，我们买苹果的时候，就直接给他转账，因为大家都比较熟悉了，很信任他，当然，他最好能开了免费的旺铺，这样陌生的人也可以放心购买他的苹果。

我还有一个朋友做库存服装，也是开通了免费的旺铺，他通常会在属于自己的地摊论坛上发帖，别人要购买的时候，他就引导到阿里上来交易，这样一来，双方都不用担心，就不存在信任问题了。他就只发布自己的产品信息，将产品的款式展现出来，但他的生意做得很好，这里面阿里的功劳是不能忽视的，它起到了一个宣传担保的作用。

如果没有阿里平台，他最多只能宣传一款产品，但他现在可以把所有的衣服都上架，标注价格，并告诉大家，他是厂家，有库存的服装，只是没有开通诚信通，因为宣传的时候用的是阿里1688的网址，信任度自然就提高了，“1688”就相当于一个招牌，我们只是借势而为之。

类似的例子有很多，我还认识一个专门帮人做店铺设计的人，他开通了免费的阿里旺铺，虽是免费的，但做得很漂亮，他经常在阿里上分享他装修设计的方法，使得很多人都认识他，所以，需要旺铺装修，或者服装换季转换，抑或参加活动需要做新海报的时候，都会找到他。

总之，对企业而言，阿里巴巴是一个非常棒的平台，我们不需要到其他平台花大力气去宣传，只要用好阿里的免费平台就能收获很多，不过，大多数人在做了一段时间免费的平台后，都会去做收费的平台。

比如我刚才提到的帮人做店铺设计的人，在帮助很多人进行服装店铺装修之后，也去做服装代销了，因为这样赚得更多，相比较之下，付费的平台会更好用，赚得也多，自然就会用付费平台了。

七、做运营与装修设计服务一样有前途

只要你拥有一双慧眼，商机无处不在，有人靠挖金赚钱，那么，挖金人的身边一定有人靠卖水赚钱；有人靠运输赚钱，那么，在路边一定会有人靠修补轮胎赚钱；有人靠培训班赚钱，那么，培训学校附近一定有商品，专门销售培训人员所需的用品。

同样，在阿里巴巴平台上也有很多赚钱的方式，有人靠销售产品赚钱，有人靠运营服务赚钱，也有人靠装修服务赚钱。在我的学员中，有不少人帮他人代运营赚钱，当然这也需要机缘。

比如，有一个学员来我这里是为了学习如何做阿里巴巴，后来因他有一个兄弟做阿里巴巴，没有运营起来，就帮别人运营了，或者因为学习的群里正好有老板忙不过来，就帮老板做运营了，不论是按月结算工资，还是按销售额提成，都是靠技术赚钱。

不是有句话叫“有技术走遍天下都不怕”吗？做运营服务或者装修设计服务，都属于一技之长，有那么多人在阿里平台上做生意，有需求的肯定不少，所以，在阿里平台上有专业的托管和服务设计，因为有竞争，通常费用不会太贵，若是在线下或者其他平台，可能是贵很多，一个logo设计，就可能

要几千，甚至上万元，阿里则会便宜很多。

那么，有没有价格较贵的托管呢？有的，其实，很多产品都是营销公司策划的，比如，一年销售额高达几十亿的汽车，一年销售高达几百亿的凉茶等，电商平台也是一样，很多大的电商公司都有专门的团队来托管，这样资源才能充分利用，比如美工、技术顾问。

其实，在阿里巴巴上也有一个专门的运营服务频道，网址是fu.1688.com，这里有很多店铺，也有很多服务，而且服务都做了细分，另外，它让每家店铺都提交了保证金，让客户更有保障。总之，你只有一技之长就可以在这里赚到钱，不过这个费用比较贵。

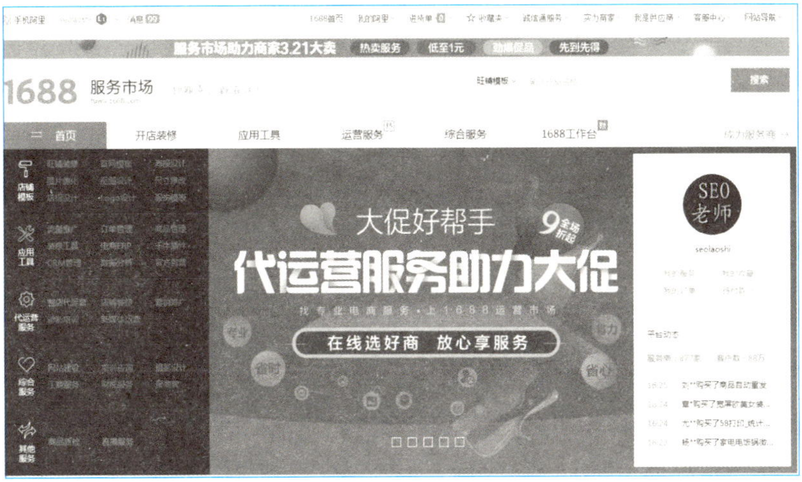

在做托管之前，我们可以先找出20个做托管的人，然后选择其中一个，好好学习一下，对要做的内容有一个大概的了解，即便我们没有让别人来托管，而是招聘员工来做，也是如此。

当我们弄懂了怎么做阿里，哪怕不是很细致，也会让我们少走很多弯路，这一点对创业者尤为重要，因为对于创业的人来说，最大的成本就是少走弯路，再有就是时间成本，把这两个问题都解决了，效率就会很高，刚开始走得慢，没关系，走稳当了，总能跑起来。

我的一个学员，他帮人做设计，没加入阿里设计频道之前，他自己开店，以设计logo为切入点，将客户服务好，因为设计logo的客户一般都需要设计其他内容，这样一来，他的生意就扩展了。

不加入阿里设计频道，成本虽然小了一些，但流量也会少一些，不过，我的建议是，不管是从赚钱的角度考虑，还是从做品牌的角度考虑，做设计的人都应该加入阿里设计频道。

我还认识一个人，以前是仓管，但学习阿里之后，就做了托管，他在阿里上搜索客户信息，然后登门拜访，一家家的去谈，包括拍照、详情推广等全部由他来做，工厂的老板只要提供客服，发货即可，利润三七分，他只占三成，但一年下来的收入依然非常可观。

通过以上的例子，让我们再次验证了一技之长的价值，正所谓一招鲜吃遍天。

八、一定要开通阿里巴巴诚信通

经常有新人问我，做阿里需要多少钱？首当其冲的就是开通阿里巴巴诚信通的费用6688元，这是一定要交的，也许有人会说，不开通诚信通也能赚钱，为什么还要开呢？因为开通诚信通可以赚更多的钱。

就像去县城，乘坐公交车只需要两元钱，花费45分钟，可走路却需要6个小时，那么，你会选择走路还是乘坐公交车呢？除非是为了挑战自己，锻炼身体，多数情况下我们都会选择乘坐公交车。

开通诚信通就属于多数情况，尤其是在我们没有一技之长的时候，当然，开通它，还会给我们带来很多实实在在的好处。

（一）公司验证加标志

付费之后，阿里巴巴会让第三方机构帮助我们验证，例如，我在之前的案例中讲到的钻井的生意人，经常在线下跑业务，但为了这个标志，便开通了诚信通，因为有了这个标志就代表有公司，客户就可以直接在线上去拍，我们也可以借此宣传旺铺。

（二）获得站内流量和参加活动的机会

这里的站内流量来自搜索，比如，我们要找服装加工厂家，就可以在阿里的搜索栏上输入关键词，因为我们加入了诚信通，位置就可以靠前一些，被发现的概率就会增加。

再有，要参加阿里的活动，开通诚信通是最低的门槛，否则连报名的资格都没有。

（三）使装修更漂亮

虽然没开通诚信通，也可以装修得很漂亮，但从品牌建设的角度来说，大家都会自行对比，当同行的店铺很漂亮，而我们都还没有开通诚信通，客户自然找同行谈生意的几率要大于我们。

（四）获得贷款的概率增加

这是很重要的一点，加入阿里诚信通的企业获得贷款的概率也会增加，也许你现在并没有贷款的打算，但长远打算，说也保不准会有资金周转不开的时候。我认识一个人，他每天都能获得收入，但要买房，资金就很紧张，于是，他就通过这个贷款买了房子，并在12个月内 还清，提前实现了有房的梦想。

其实，开通诚信通远不止这些好处，现在阿里平台会有很多活动，比如线下的讲师认证， 若用心做，我们可以通过渠道商，去阿里线下进行讲师的认证，肯定会有很多收获，但是渠道商会说，需要开通诚信通才能进行讲师的认证，如果我们开通了诚信通，岂不是有更多机会？这些机会与开通诚信通的费用比，简直是九牛一毛，不值得一提。

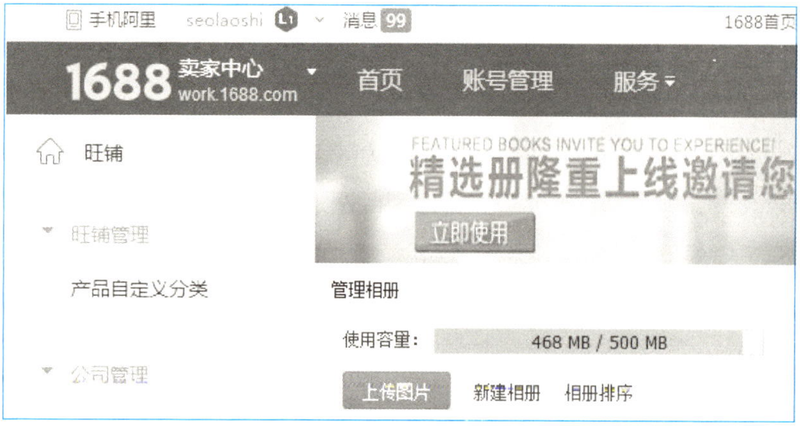

再以我自己为例，我经常在阿里上写文章，这个习惯已经坚持了很多年，写的文章已经有几千篇了，我写文章的时候经常会配上图片，使文章看起来更好看，更大气，但阿里上有规定，普通用户的相册容量只有500M。

对于我来说，这肯定是不够用的了，不得已，我只能把之前的图片删除一些，否则就上传不了新的图片，但我之前的文章还在，若删除了图片，文章就不好看了，如果开通了诚信通，相册的容量就可以达到有5G。

总之，诚信通的功能是十分强大的，所以，我建议大家，做阿里都要开通诚信通，它对我们来说是一种标志，也能让我们收获更多，一旦开通就应该更努力地把它的功能都用起来，这样才能赚更多。

九、公司介绍应言简意赅，且体现自我

开通诚信通之后，接下来的工作就是写公司介绍，写公司介绍容易，但要写好不容易，我发现很多人在写公司介绍时，就是随便糊弄一下，拿同行的公司介绍简单修改一下，便了事，其实，我们应该做得更好。

我发现，有些公司介绍写得很官方，让人没有兴趣看下去，而有些公司介绍写得则十分到位，让我有兴趣进一步了解，那么，这样一对比，就会让客户选择那些公司介绍写得十分到位的商家了，所以，公司介绍真的很重要。写好了公司介绍，以后在发信息的时候，就可以直接复制了，省了很多事。

那么，在移动互联网时代，如何从网络推广的角度写好公司介绍呢？需要把握以下五点：

（一）文字要简单、直接，且体现自我

公司介绍不能写的像发言稿，简单、直接就好，不需要华丽的辞藻和繁文缛节，看公司介绍就像看我们的故事，娓娓道来就好，而非写得多么正式，因为我们只要效果。

（二）突出公司的经历

写公司介绍一定要写上公司的经历，公司什么时候成立的，有多少员工，地点在哪里，公司的经历不一定轰轰烈烈，但一路走过来，总会发生一些事情，要写出情感，哪怕一开始公司只有一个人，或者公司刚刚成立，都能为你加分。

（三）写明主打产品

也许你经营的产品有几十几百种，但一定要写明主打产品，不能说一些

与产品无关的话，比如我们有先进的科技研究团队，您的满意是我的承诺之类的，这太书面化，让人看了也获得不了有用的信息。

（四）能够引起共鸣

我的一个学员在写公司介绍时，引用了许巍的《曾经的你》中的一句歌词，“曾梦想仗剑走天涯，看一看世界的繁华，年少的心总有些轻狂，如今已四海为家。”很多人看后很有感触，因为这句话，每次听到这首歌时，都会让人想到他，还有一些人看到他的旺铺都会忍不住唱出来，可以说，正是这句话俘虏了客户。

公司介绍

东海县恒美水晶饰品有限公司，成立于2011年7月，坐落于享誉世界的中国"水晶之都"—东海县

依赖于得天独厚的水晶原料市场，家族式规模从事水晶行业20余年，自主出产部分水晶制品，常年实体批发零售各种水晶饰品，绝对的一手货源，目标客户主要为全国各地经销的实体店铺。

11年拥有自主品牌，正式成立东海县恒美水晶饰品有限公司，同时实现网络空间的最新拓展，11年11月荣获"阿里巴巴优质品牌供应商"，目前全国各地均有稳定老客户。线上线下力求同步发展。

现仍然主营天然水晶制品

如：天然水晶眼镜，各种吊坠、项链、手链、毛衣链、水晶原石、碎石等，同时提供各种水晶饰品的来样定..

更多>>

（五）尽量使用自己的真实照片

我一直告诉我的学员，照片中一定要体现出自己，尤其是在拍厂房照片的时候，因为有不少人的图片都是在网络上下载过来使用的，若用上自己的照片，就很真实了，为了美观，美颜一下也无可厚非，不过，最好是生活照，这样才显得亲近。

公司介绍只是网络推广的第一步，也是最基础、最重要的一步，在很多地方都会用的公司介绍，虽然它的篇幅很短，但要尽量展示自己，传递价值，让用户看到我们的真心，这也是店铺品牌建设中重要的一点。

Part2

开通旺铺之后

一、研究同行标题，并努力超越同行

开通了诚信通，写好了公司的简介，下一步的工作便是发信息，要发信息就要写标题，标题相当于信息的眼睛，它能决定信息能否被搜索到，能不能被人发现，会不会被人吸引，从而决定了我们能不能成交更多的生意。

现在依然有很多人没有意识到标题的重要，他们觉得写标题是很简单的事情，比如做鞋子的，直接把与鞋子有关的内容写上去即可，鞋子批发、鞋子厂家等，其实，这是不正确的。写好一个标题需要考虑的因素有很多，需要注意的事项也有很多，具体来讲，应该注意以下五点：

（一）标题要突出专业性

以做鞋子批发生意为例，在写标题的时候就不能把鞋子加工写进去，而是应该围绕鞋子批发来写，比如男鞋、女鞋、学生款、中老年款，鞋子的材质、鞋子的尺寸、生产厂家等。

（二）关键字不能堆砌

关键字不能堆砌是基本要求，至少不能在主打的款式上堆砌。以鞋子批发为例，有人会写福州鞋子批发、广州鞋子批发等，都写在一起，这是不对的，而是要用精准的词语，而且阿里也有相关规定，堆砌会掉很多价值点。

（三）标题要尽量吸引人

比如，厂家直销、15年专业等词语，就很有吸引力，让人看到了就想点击。有很多工厂原本很有优势，就是因为标题写的得不吸引人，没有把自己的优势体现出来，使得生意就是波澜不惊。除此之外，小量批发、快速发货等，也是很具吸引力的。

（四）字数应写满

刚开始做阿里的时候，不少人总抱着随便写一下就好的心态，空格、标点、符号很多。殊不知，正确的做法是尽量不要空格，尽量不要标点符号，将30个字全部写满，因为多写一个关键词，就多了被发现的机会，一条优质的信息里面的很多关键字排名都会相对靠前，所以，千万不要浪费资源。

（五）写上品牌名

写品牌名这一点很重要，若没有写，客户想认识我们都很难，不要觉得自己刚开始做，没有人知道就不用写，任何一个成功的品牌名都是日积月累的过程，当客户记住我们的品牌名之后，就可以直接搜索品牌名了，很快就找到了我们。

对于做阿里的新人来说，以上的几点要求有一定难度，即使是做阿里的老人，如没有详细的规划，单靠一个想法，就把产品的标题写出来也不容易。那么，怎么才能写好标题呢？一定要多看。多看看同行是怎么写的，然后在同行的基础上来组合、修改，但不能直接拿别人的复制粘贴。

因为同行已经写得很好了，我们在他们的基础上进行完善，速度就会很快，质量也会很高。另外，与同行做比较，也能发现我们自己的不足，促进自己的成长。

在写好一个标题之后，其余的标题又可以在已经写好的标题的基础上去修改完善，包括一些能否吸引人的词语、关键字等，都要先罗列出来，放在一张纸上，我的学员习惯把它贴在墙上，这样一来，不管发什么信息，写什么文章，都可以围绕这个标题来进行了。

二、图片一定要放在最吸引人点击的地方

我们在阿里上搜索要买的商品时，首先映入眼帘的就是图片，在互联网上购物因看不到实物，所以，产品图片就显得非常重要。产品图片属于主图，一般是由美工或者店家自己来完成，在阿里上主图只能上传五张。客户在搜索的时候，看到的往往是第一张图片，所以，第一张图片最重要，它很大程度上决定了用户会不会点击，只有点击了，才有成交的可能。

另外，阿里对主图也有相关规定，不能写太多字，比如，有些人为了吸引客户点击，会在图片上写外贸原单、品牌尾货等字样，那么，在图片上到底写什么字才好呢？品牌名是必须要写上去的，品牌名犹如店面的招牌，所以，至少logo要放上去。

接下来说一说图片的拍摄，有两点最为重要，一是光线，二是背景。

先来说光线。有这样一个例子，说有个人想卖房子，于是就将房子的图片上传到了网络上，尽管价格不高，而且几次降价，但都没有人买他的房子。后来，他请了一个摄影师，进行了补光，拍出了非常漂亮的照片，最终，他将房子比标价更高的价格卖了出去，可见，因拍摄的效果不同，产生了很大的差别。

再来说背景。我有一个朋友，专门卖仿古家具，家具的质量非常好，但前期他自己拍摄的图片，放到网上销售，却无人问津，后来，他请了专门的摄影师，摄影师在拍摄的前一天就精心布置了很多背景，拍出的图片非常美。

此外，图片背景的选择还应有针对性，倘若你有自己的工厂，拍摄的照片不一定是在办公室里，还可以到生产线上去拍，客户一看就知道你有自己的工厂，自然就更容易下订单了。

将图片放到网络上，还经常会遇到有人剽窃，那么，这个问题该怎么解决呢？很简单，把自己也拍到图片里去，特别是生产机械、工业品、配件等行业，这样别人就很难据为己有了，而且每一张图片都是在传递品牌，也给了让别人认识自己的机会。

有两个在网络上销售服装的生意人，其中一个人让自己的女朋友做模特，使服装热销，而且大家经常去关注，因为大家对他与女朋友的爱情感兴趣。另外一个人选择自拍，自己当模特，穿自己家的裤子，拍图上网，也做得不错。

以上这些例子，其核心点都是打造出自己的品牌，如果你不懂拍摄，可以找专业的人士来做，效果比自己随意拍出来的要好得多。

三、描述应以人与故事为切入点

随着互联网的发展，竞争也越来越激烈，以前在网络上随便上传几张照片，就能将产品销售出去，但现在却很难，那么，如何才能在竞争中占有优势呢？确立自己的品牌，因为品牌是独一无二的。

每个人都有自己的喜好，仅以颜色为例，有人喜欢红色，有人喜欢绿色，有人喜欢棕色等等，细分非常多，就如现在的自媒体，现在的自媒体可谓是百家争鸣，但每家自媒体都能找到属于自己的粉丝，每个人也都在表现真实的字迹，并通过感情与对方建立起联系。

时代总是在不断地发展，只有顺势而为的人，才能把握住机会，墨守成规的人终将被时代淘汰，确立自己的品牌，显然是顺应时代发展的要求，那么，怎样确立品牌才能吸引人呢？以人与故事为切入点。

先来说一说如何用人为切入点，有一个卖印刷油墨的生意人这样写道：我们从一个微小的业务开始做起，现在已经成为嘉宝莉的东莞总经销，投身行业十几年，风风雨雨一路蹒跚努力前行，有着太多的辛酸和不易，创业的路上，经历了许许多多的客户，有着各种酸甜苦……

每个看到这段文字的人，都会有兴趣继续看下去，因为这段文字能够引起读者的共鸣，看到他的创业经历，也能让其他创业者想到自己，因为看的人多了，就能让更多人发现，因为这涉及到跳出率的问题。

如果一条信息没有人点开看，就说明这条信息的质量不是很好，若有人点开后马上关掉了，说明这条信息是标题党，或者内容质量不佳；相反，如果信息点进去看的人多，且停留的时间较长，而且成交的量较大，那么，在搜索的自然排名上就会靠前，所以说，用心的人早晚会得到更多人的关注。

我们从一个微小的业务开始到现在成为嘉宝莉油墨的东莞总经销，投身行业10几年
风风雨雨一路蹒跚努力前行，有着太多的辛酸和不易
创业的路上，经历了许许多多的客户，有着各种酸甜苦辣

不管世界怎么变，对于印刷油墨的这一份热爱，一直都没有变过
跟随市场我们油墨性能不断升级换代，产品质量更有保障，产品种类更加丰富，满足不同领域的需求

从无到有，每一分，每一秒，我们一直在努力着
前行的路上，我们愿意克服一切，把梦想变成现实…

—— 关于徐霞利的故事 ——

19岁来到广东，做过学徒做过业务。00年的时候，在一个偶然的机会，接触了印刷行业接触了油墨。从此跟油墨结下了不解之缘，那时候什么都不懂，只有靠自己去学去做去看。刚创业的那会儿，公司规模比较小，很多事都是自己亲力亲为，技术，售后，跟单，发货

送货都是自己干。那时候真的很辛苦，但是我们也没有放弃，在印刷行业我们真真正正的扎下了根。也为以后在印刷这一块留下了宝贵的经验，也积累一批客户跟资源。13年因市场的需要在东莞长安注册成立广楚盛技术服务中心，主营负责嘉宝莉印刷油墨市场的技术服务及营销推广。

我们积极地致力于建立企业文化和核心价值观。公司上下都以客户是否满意为评判我们工作好坏的标准，做到“心中有客户，处处为客户”，将客户的需求和利益放在首要位置，突出员工自身价值的实现，体现企业价值。

除了关注商品外，客户还会在意销售商品的人，他们会想卖东西的老板会是怎样一个人呢？人人都有这样的好奇心，所以，我会让我的学员们在每个描述的前面都加上一个简单版的个人故事，还会有个人的照片和我们一路走来的经历，内容丰富了，客户不仅愿意看，而且还会看得很认真。

照片最好是自己的生活照，简单地美颜一下，就很漂亮，以后有机会线下见面的时候，让别人一眼就认出来，这就是在打造我们的个人品牌。

经历也很重要，我们经历过什么？现在是怎么样的？希望未来是怎么样的？我们的人与产品一样，客户都十分在意。也许客户在第一次看到我们的信息的时候，没有购买产品，但说不定他们会对我们这个人感兴趣，想借此认识我们，主动添加联系方式，说不定以后成为了客户呢？

四、写清楚销售的产品与提供的服务

线上线下有很多相同的地方，比如，平常我们在与陌生人打交道的时候，他们也许会问我们是做什么行业的，我们会回答做家居的、卖设备的、做美容产品的等等，在互联网上也是如此。以做阿里为例，我们应该说清楚自己是做什么的，但这看似简单的问题，并不是每个人都能说清楚，有些人连自己都搞不清楚，更不用说消费者了，那么，转化率自然不会太高。

在这一点上，我们不妨学一学批发市场的老板，批发市场老板的名片上往往都会写清主营和银行汇款信息，而不会写专注养生设备十五年这样的字眼，因为他们知道直接、清楚的重要性。

同样，我们做阿里时，在写品牌故事的过程中，也要清楚地告诉客户我们是做什么的，即主营业务，主营业务有很多细分，我们一定要写得不能再详细为止，一定要归纳清楚。

比如，我们既销售筷子，同时又卖菜板，但筷子是主营业务，菜板不是，筷子有16个品种，菜板只有1种，这些都要在主营的产品上体现出来，若消费者有需要，可以直接咨询。

我有一个学员销售玻璃钢产品，他有玻璃钢格栅系列、玻璃钢拉挤型材系列等8个系列，包括模塑格栅、地沟盖板、双层微孔格栅、拉挤格栅、花纹盖板格栅、铺砂防滑格栅、长条孔格栅，玻璃钢拉挤型材系列又包括玻璃钢方管、圆管、工字钢、槽钢、U型钢、带钢、矩形管、圆棒、扁管、玻璃钢护栏、玻璃钢操作平台、电缆桥架、标志桩、异型材料。

二、拓海玻璃钢主营业务

玻璃钢格栅系列：模塑格栅、地沟盖板、双层微孔格栅、拉挤格栅、花纹盖板格栅、铺砂防滑格栅、长条孔格栅。

玻璃钢拉挤型材系列：玻璃钢方管、圆管、工字钢、槽钢、U型钢、带钢、矩形管、圆棒、扁管、玻璃钢护栏、玻璃钢操作平台、电缆桥架、标志桩、异形型材。

玻璃钢风机系列：玻璃钢轴流风机、离心风机、屋顶风机、斜流风机、防爆风机。

玻璃钢冷却塔系列：玻璃钢方型逆流冷却塔、方型横流冷却塔、圆形逆流冷却塔、工业型冷却塔；

冷却塔配件：冷却塔点波填料、蜂窝填料、斜折波填料、S波填料、玻璃钢填料、布水器、风叶、风筒、面板、电机、减速机。

玻璃钢模压系列：玻璃钢井盖、水箱、护栏连接件、挡风板；

玻璃钢缠绕系列：玻璃钢储罐、管道、电缆管；

环保设备系列：酸雾净化塔、脱硫除尘器、玻璃钢烟囱、废气吸收塔。

用户可来图来样定制玻璃钢产品

如果他没有将以上的信息写出来，外行人根本不知道有这么多品种，即使是内行人也要咨询很久。若写得很清楚，内行人看一看主营业务，就知道是否有自己需要的产品，然后进一步咨询即可。对外行人的帮助就更大了，清楚的描述能让外行人知道自己是否找对了商家。

这一点看似很简单，但事实上有很多人会这么做，也有不少人不清楚自己主要卖什么，殊不知，写清楚销售的产品与服务有多么大的好处，主要表现在两个方面：

第一，在网络销售中，经常会碰到有消费者询问是否有某种产品销售，这需要我们花费很大的精力来解释，解决消费者的问题。如果没有产品图片，消费者连问都不会问，转化率自然不会很高，很多生意机会就浪费掉了，如写清楚了产品与服务，这些问题就可以避免。

第二，在提高转化率的同时，我们可以将主打产品进行调整，比如，我们主打哪个产品，就可以将哪个产品放在前面，并将字体加粗。我们可以将库存多的产品作为主打产品，或者将最具有竞争力的产品作为主打产品等，根据实际情况进行适当调整。

最后提醒大家一点，产品的图片一定要做，因为很多地方都会用到图片，不只是在阿里的旺铺，在阿里之外的平台进行宣传也会用到，有了图片，我们自己也能明确方向，同时也让消费者知道我们做的是什么产品。

也许你写了一篇爱情故事，或者是心情随笔，但在文章的结尾处配上一张图片，说不定就能让你带来生意，最好的详情是能够直接转化的详情，一张图片就能解决很多问题，为什么不做一张呢?

五、每一张图片都要做品牌的体现

在网络上购物，因看不到实物，所以，产品的文字说明与图片就显得很重要，当然，拍一张产品的图片也是很有讲究的，之前我就提到过图片的光线与背景问题，除此之外，图片还应体现出品牌。

在阿里上，我经常见到有些人会直接将图片上传，然后在图片上加上公司的名字，很难看。有一次，我问其中的一个人，为什么要把图片做得那么难看，公司名字为什么要写得那么大，占了图片很大的空间，他解释说，如果没有logo，图片很快就会被别人用了。

的确，有不少做阿里的人不会用图片，尤其是做工业类、机械类的生意人，其中有很多人都没有自己的工厂，都是二级、三级代理，他们没有图片，假如我们是厂家，有自己拍摄的图片，自然就比代理有更大的优势。而要防止图片不被别人使用，最好的方法是自己出现在图片当中，即使图片被别人拿去使用，也是在为你做宣传。

接下来，再说一说打logo，即打品牌的问题。其实，阿里会给我们提供一个默认的标志，我们在上传图片的时候，它会帮我们打上logo，如在店铺里上传图片，会默认为我们打上店铺的logo，如在专栏，或在商友圈等的地方上传图片，会默认帮我们打上1688.com的logo。

打上logo，大有益处，这是品牌的传递。假如消费者在百度上搜索时看到了我们的图片，也看到了1688的logo，点一下就可以直接进到我们的阿里。

当然，你也可以自己设计、设置logo，那到底是应该用阿里默认的logo，还是用我们自己设计、设置的logo呢？我的建议是都可以。

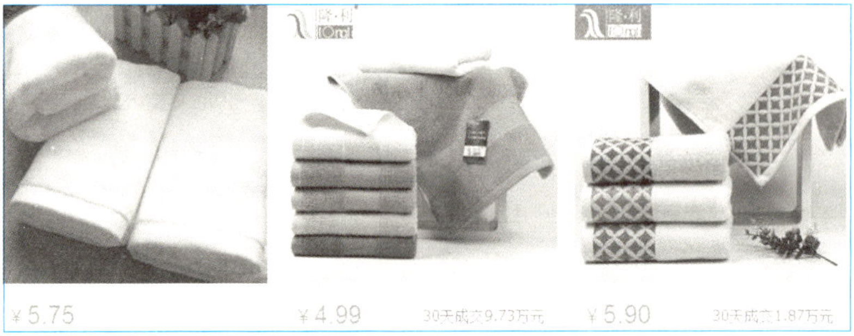

如果不懂得处理图片，只要在上传图片的时候，选择打logo即可，这样我们店铺的网址就会出现在图片上。不过，从建立自己的品牌角度来讲，你自己也懂得处理图片，还是自己来处理比较好，在处理图片之前，先看看同行们是怎么做的，要脱颖而出就应知己知彼，才能做出具有差异性、独特性的图片来。

如果你做的是服装行业，因为大家都没有加上联系方式，那么，我们直接打上我们的logo就可以了，既简洁又漂亮，能够大大提高转化率。

如果你做的是其他行业，比如加工行业、机械行业，或者是化工，通常没有办法完全在线交易，我的建议是图片除了打上logo外，还应加上电话号码和相关文字。

那么，这个logo是什么意思呢？是公司的logo吗？不是的，是公司名吗？

也不一定。以服装加工为例，我们有一个公司名是XX科技有限公司，就可以在图片上写上“福州XX服装定制加工”，并留上电话号码，既有名字，又有电话号码，客户就很容易找到我们。如果还能在图片上打上“专注加工15年”“快速出货”等之类的字眼，效果就更好了，因为我们传递出的信息让消费者一看就明白我们做的是什么产品。

不过，需要注意的是，图片品牌介绍有一个核心要点——简洁，不能什么内容都写上去，否则会影响图片的美观。

六、企业应定位为帮助客户解决最重要的问题

对于商人来说，哪里有抱怨哪里就有市场。因为大家觉得爬楼梯累，于是便有了电梯，因为大家觉得下楼去户外跑步麻烦，于是便有了跑步机，不难看出，商人是给消费者解决问题、提供方便的群体。

那么，一个企业要生存、要发展，就应该将自己定位为帮助客户解决问题，客户的问题解决了，我们的价值也体现出来了，做阿里巴巴也是一样的道理。

其实，多数消费者在购买产品时，并不是把便宜作为首要衡量标准，他们要的是更好的服务，更高的性价比，任何一种产品都不可能让人百分之百的满意，所以，需要厂家不断地改进产品。

那么，我们做阿里如何帮助客户解决问题呢？分为两个部分，一是说明问题；二是解决问题，分别进行说明。

我有一个销售蛭石的学员，经过他与客户的接触发现，在他们的这个行业中，客户普遍都会遇到这样的几个问题：一是找一个工厂很简单，但找一个能长期合作的工厂不容易；二是不是送货的速度太慢，就是产品的质量不

行；三是厂家提供的样品与出大货时的产品不符等等问题。

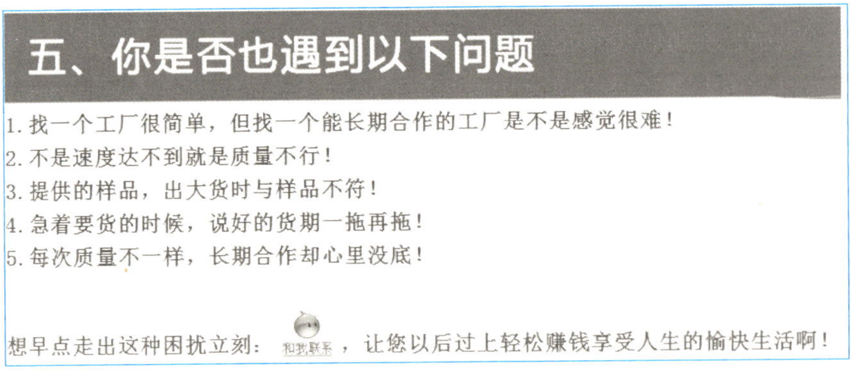

五、你是否也遇到以下问题

1. 找一个工厂很简单，但找一个能长期合作的工厂是不是感觉很难！
2. 不是速度达不到就是质量不行！
3. 提供的样品，出大货时与样品不符！
4. 急着要货的时候，说好的货期一拖再拖！
5. 每次质量不一样，长期合作却心里没底！

想早点走出这种困扰立刻：和我联系，让您以后过上轻松赚钱享受人生的愉快生活啊！

其实，任何一个行业都会碰到很多问题，正因为有了问题才有了市场，才有了进一步提高的可能。就像你这次考试考了80分，就为下次考90分提供了可能，进步的空间很大，如果这次考了99分，那么下次考100分就不那么容易了。有些时候，虽然我们不能完全解决问题，但能促进成长，能够进步，往往更具价值，手机、电脑、电梯，哪一种产品不都是在不断地升级换代吗？

我这个销售蛭石的学员提出的这些问题都具有代表性，很容易引起客户的共鸣，当然，还要有解决问题的办法，于是，在他的描述里就将问题的解决办法逐一呈现出来。

光博承诺：同样的质量，我们价格更低！同样的价格，我们质量更高！同样的质量同样的价格，我们服务更好！

光博还承诺：客户的任何需求24小时反馈！只让您选择是对的，绝不让您选择最贵的！您的需要，在我们这里一定可以满足，选择我们，就是选择了双赢的机会……

不过，需要注意的是，在描述里的承诺，一定是能够做得到的，若做不到，就不要在描述里说。阿里巴巴是有诚信保障的，它规定事实一定要与描述的相符合。

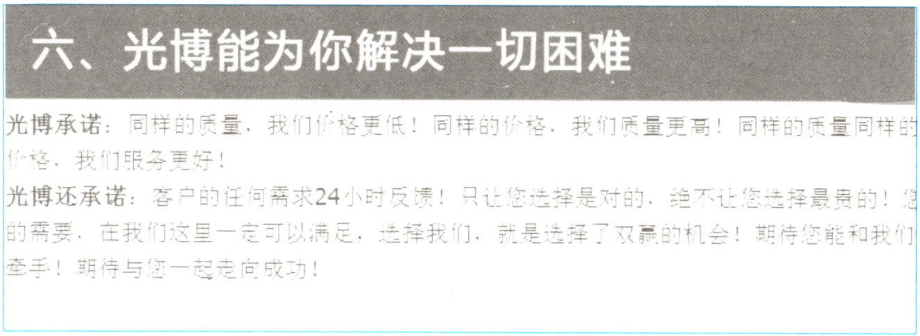
六、光博能为你解决一切困难

光博承诺：同样的质量，我们价格更低！同样的价格，我们质量更高！同样的质量同样的价格，我们服务更好！
光博还承诺：客户的任何需求24小时反馈！只让您选择是对的，绝不让您选择最贵的！您的需要，在我们这里一定可以满足，选择我们，就是选择了双赢的机会！期待您能和我们牵手！期待与您一起走向成功！

任何一个企业不可能做到面面俱到，百分之百的完美，尤其是在企业刚刚成立的时候，此时，我们就应该突出重点。比如360wifi，它有很多功能，也可以研究出很多的功能，但它只努力做wifi，以wifi为切入点，打开了市场，打造了强大的竞争力。

七、简化版的购买步骤与流程必不可少

开车的朋友都会装导航仪，有了导航，就能畅通无阻，哪怕是陌生的地方，也可以按照导航的提示，顺利前行。其实不只是驾驶，很多时候我们都需要导航，比如，我们去网购，如何挑选商品，如何付费，都需要有相关提示，才能让我们顺利完成消费。

这就给我们一个很好的提示：做阿里巴巴也需要导航，这是B类产品的一个特色。做零售的商家可以让消费者直接拍，但B类产品有很多行业，有很多特定的模式，如加工、定制、代理，每一个环节都包含很多内容，所以，在阿里描述上必须要有详细的流程。

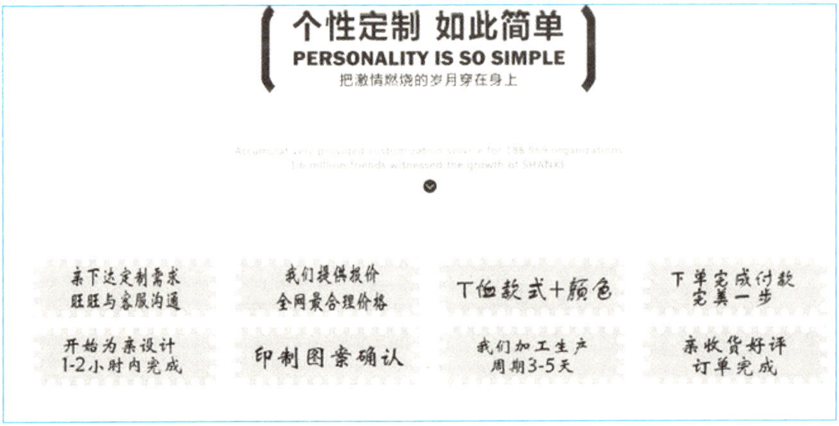

假如没有将流程写出来，我们就会担心客户是否清楚怎样购买产品，将其写出来，就让购买变得简单了，从而大大提高了转化率，当然，这也让我们自己省了很多事情，不用给每一位客户详细的解释，就能接到订单。

那么，如何写购买产品的步骤与流程呢？其实，我们只需要在每个描述里做一个简化版的步骤与流程即可，因为在旺铺的首页还会有一个详细版的流程，但是我们不能将这个详细版的流程放到这里来，因为很多步骤都是没有必要的，繁文缛节太多。

以做服装加工为例，如何做一个简化版的流程呢？只要把相关步骤写出来即可，比如，第一步发货询价，寄送样品；第二步评估样品，精确报价；第三步签订合同，即确认质量和档期。当客户看到这个流程后，心里就有了底，知道如何去完成购买行为了。

如果你能添加上所需时间就更好了，消费者都很在意速度的，所以，你要写清楚从第一步到第二步需要多长时间，也就是收到样品到确认报价的时间，最好能够写清确认的方式，是电话确认还是发送邮箱确认等。当然，之后签订合同，确认档期，也应该明确所需要的时间，是五天还是三天，都要交代得清清楚楚。

互联网大大提高了工作效率，所以，我们一定要好好利用起来。就像文中的这幅图片，我们只需要做一次，以后不管什么时候都可以使用它。它能帮助我们提高转化率，倘若没做这个图片，不仅转化率低，还会给我们增加很多不必要的工作，总会有客户咨询、确认，反反复复，周而复始，把自己忙得晕头转向，还没有多高的效率。

这个流程大大降低了购买的门槛，尤其是刚刚做阿里巴巴的人，更应该用心去做。因为每个行业都不一样，阿里没有办法用一个表格解决所有的问题，也许以后阿里会不断完善，但现在我们要主动去完善，做到阿里的前面、做到同行的前面，主动一些，我们的生意好的就不是一点点。

八、发货现场与适用行业的全方位展示

我认识一个工厂老板，他不懂得写文章，只是每天都会拍一些发货的照片，然后再发一条说说，比如，今天又发了20箱货品。就是这么一个简单的行为习惯，却让他的生意做的很好，经常有很多客户给他留言，询问自己的货品有没有发出来。

从营销学的角度来看，这位工厂老板每天都把结果展示在了客户面前。大家在做阿里描述的时候，经常会遗忘一点，甚至觉得它一点都不重要，这一点就是发货现场。阿里属于B类，很少通过快递发货，基本都是物流，整车整车的货物，非常壮观。若把发货的图片呈现出来，一定会给客户带来不小的震撼力，记住，发货的照片中一定要有我们自己。

呈现发货图片有两大好处，一是展现了我们的实力，二是让客户看到了他们的货品是如何发出的，当然，就能提高下单的概率。

呈现发货图片时，一定要多拍一些照片，不能只有1张，建议拍6张、8张、10张，从不同的角度展示我们发大单的样子，这对提高客户的信心很有帮助，对产品的质量更加信任。

除了呈现发货照片外，还应将适用行业全方位地展示出来，比如做加工生意的，你要考虑我们的客户群都有谁呢？是线下的实体店，还是天猫的客户，还是大的品牌商；做护栏生意的人，其客户又都有谁呢？学校能不能用，幼儿园能否用，工厂可以吗？

对于消费者而言，他们在购买产品的时候，一定会考虑很多问题。以购买护栏为例，倘若学校购买护栏的话，他们往往会考虑环保是否过关，护栏会不会掉漆，小孩子碰到会不会受伤等等，如果你将产品在其他学校的使用情况拍摄了下来，就给要购买护栏的学校增加了信心。

当然，这也要考虑我们产品的定位，任何一款产品不能放在任何地方都能很好的使用，比如产品定位为别墅小区、公路护栏等，我们在做适用行业展示的时候，记得一定要把主打的行业放在前面。

另外，我们的产品所适用的行业一定很多，可能有几十个行业，全展示出来是不可能的，因为阿里详情里的描述是有限的，通常选择6、8、10个行业展示即可，这会更加的对称，看起来很美观，而且占用的空间不会太大。

图片拍好后，可用的地方很多，不仅是在阿里详情里，在任何可以展示的平台都可以用，再有，记得在图片上添加文字，这会让你的展示更加特别。比如，在发阳台护栏照片的时候，可以在照片上写上“发阳台护栏”，发公路护栏照片的时候，写上“发公路护栏”。

如果你做的是玻璃钢，那么，它使用的行业就更广泛了，而且产品种类繁多，我们就应该在照片上写清楚产品发往哪个行业，是玻璃钢的哪款产品。

最后，提醒大家一点，一定要在图片上加上logo，或者是电话号码，方便有需要的客户能够及时联系到你，和你直接进行沟通，没有哪个客户会花大力气去寻找卖家的联系方式，与其如此，不如另找一个商家。

九、合作问答与售后服务应详细清楚

做电话营销或者客服人员，往往都有一套话术，打通电话第一句话说什么，第二句话说什么，通常都是固定的话语。比如，客户询问客服几天能到货，客服首先会问你要将货物发到哪个地方，因为不同的地方到货时间是不一样的。

不要小看了话术，这相当于批量复制，不然，一个电话营销员一天要接听好几百个电话，一个客服人员一天要在网络上接待几千人的咨询，该是多么困难的事情。有了话术，回答客户的咨询就变得简单容易了，更为重要的是提高了质量，因为我们会将话术反复打磨，使话术更符合我们的性格，也让别人听了更加舒服。

其实，不只是电话营销或者客服人员需要话术，做阿里也需要一套完整的、系统的“话术”，因阿里是B类产品，往往需要更多的说明，而且订单较大，模式也各不相同，所以就需要很多的细枝末节。比如，新客户与老客户的关注点就不同，就应该分别加以说明，这都是我们做详情时需要写到的内容。

我们销售产品就是要帮助客户解决问题，要让他们在最短的时间里买到最喜欢的产品，而且要以最舒服的姿态，所以，很多内容都需要在描述里进行说明。

以销售蛭石的学员为例，他经常回答这样两个问题：一是产品有货吗？

什么时候能够发货？他便在详情里写道：我们常年生产，通常情况下是有货的，请放心购买，如果需要量大的话，最好先打电话咨询，以便尽快安排生产；发货时间与发货量有关，量不大的话一般需要1～3天，具体情况请电话咨询，我们将告诉你准确的时间。

二是你的报价包含运费吗？价格是否还能再优惠一些？他会这样回答客户，因为不知道您需要往哪里运货，所以，我们的报价全部是出厂价，不包含运费，因为利润不高，主要靠量盈利，所以，我们报出的价格是最低的，不能再优惠了。

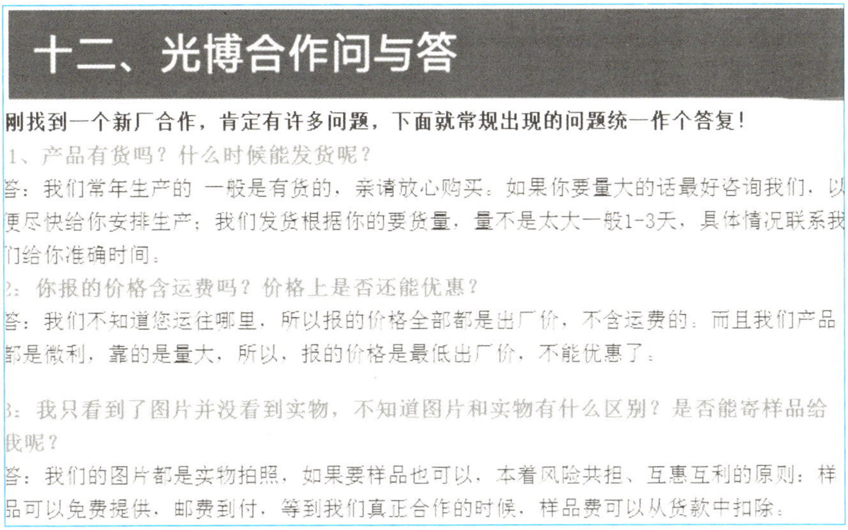
十二、光博合作问与答

刚找到一个新厂合作，肯定有许多问题，下面就常规出现的问题统一作个答复！

1、产品有货吗？什么时候能发货呢？

答：我们常年生产的 一般是有货的，亲请放心购买：如果你要量大的话最好咨询我们，以便尽快给你安排生产：我们发货根据你的要货量，量不是太大一般1-3天，具体情况联系我们给你准确时间：

2：你报的价格含运费吗？价格上是否还能优惠？

答：我们不知道您运往哪里，所以报的价格全部都是出厂价，不含运费的：而且我们产品都是微利，靠的是量大，所以，报的价格是最低出厂价，不能优惠了：

3：我只看到了图片并没看到实物，不知道图片和实物有什么区别？是否能寄样品给我呢？

答：我们的图片都是实物拍照，如果要样品也可以，本着风险共担、互惠互利的原则：样品可以免费提供，邮费到付，等到我们真正合作的时候，样品费可以从货款中扣除：

因为每句话都很用心地去写，而且十分具体，让人看了很舒服，也不用多次询问，在提高转化率的同时，也提高了效率。在写合作问答与售后服务的过程中，大家应该注意以下三点：

（一）用数字将问题罗列出来

商人天生对数字敏感，所以，我们在写详情的时候，一定要使用数字，最好是阿拉伯数字，一个问题接一个问题的回答，条理十分清楚。

（二）回答问题要尽可能地详细一些

可能有人会说，回答得详细一些，就会写很多内容，一条一条列下去，点会非常多。不用担心内容太长，客户能从我们的回答中找到答案，他们会更放心，列的点较多，也体现了我们的用心程度。

（三）打磨好每一句话、每一个字

详情里的每一句话每一个字都要经过仔细斟酌，细细打磨，才能最大程度地提高转化率。同样是一句话，不同的表达方式，所产生的效果就有可能截然不同，给人的舒适程度也是不同的，而这直接决定了客户是否下单。

此外，售后服务也不能忽视，关于售后服务，我建议分点说明，一来可以说明得十分详细，二来可以让客户感受到我们对售后服务的重视程度。

细节决定成败，用心做好每一个细节，就离成功不远了。

十、网络生意一切都应以人为核心

我常对我的学员们说，在做详情的时候，一定要把自己当成客户，假如我们在阿里的首页进行搜索，当我们的产品与同行的产品同时出现的时候，我们会购买自己的产品吗？只有我们自己都被打动的时候，我们才能打动客户。

我遇到过不少学员，他们对我的这个观点持否定的态度，他们认为，这个客户不买，那个客户会买，早晚会有人买。若是在以前，这种情况肯定存在，但随着网络竞争越来越激烈，这样的概率越来越低，人们的要求也越来越高，所以，我们只有不断地完善、提升，才能让我们有更多的机会。

阿里平台也好，其他平台也罢，只要是在网络平台上做生意，都应以人为核心，所以，在做详情的时候，首先要站在客户的角度去思考问题，那么，如何站在客户的角度去思考问题呢？

（一）体现自己，体现公司

大多数人的思路都是在详情中体现公司，但随着自媒体的发展，个体的作用越来越重要，所以，我们还要体现自己。什么是体现公司呢？将公司的图片上传，就是很好的体现方式。至于体现自己，就是让自己出现在照片中，让客户看到我们真的是在用心做一件事，通过阅读我们的经历、故事，让客户留下更加美好的印象。

（二）描述要言之有物，且十分清楚

在以前竞争不大的时候，只要将图片放上去，就会有生意上门，但现在这条路行不通了，人们越来越注重细节。我发现，有些人写详情的时候，只是从其他地方拷贝过来，不加以修改就据为己有，这会让客户看出一些痕迹，让人觉得你不是一个认真做事的人。所以，我们一定要自己写详情，要言之有物，将自己所要表达的内容清楚地表述出来。

（三）为客户的方便快捷考虑

以前因为厂家少，可对比性不大，所以客户没办法有那么多的要求，比如，货品到了，客户只能到物流站提货；产品没有包装，客户拿到产品后只能自己包装等。但现在不一样了，厂家越来越多，服务越来越周到，当然，客户也越来越挑剔，他们在购买产品时，不仅会考虑产品的质量，还会考虑包装是否漂亮，能否直接送货上门等，正是客户的种种“刁难”，促进了企业的不断成长。

（四）生意固然重要，但彼此的交流也不容小觑

有不少人不愿意客户主动上门，因为招待客户是一件很麻烦的事情，但我的学员都喜欢客户上门，他们会把这种欢迎的姿态写在描述里，“护栏姐”就这样写道：

有一种相遇来自远方，有一种相逢来自我们的缘分，万千人海，红尘

相遇，相遇的美好让我们彼此珍惜。希望在这里路过的每个人都可以成为好友。有天经过河南，都可以来公司唠嗑，也欢迎来我们河南的少林寺，清明上河图……

> 有一种相遇来自远方，有一种相逢来自我们的缘分，
> 万千人海，红尘相遇，相遇的美好，让我们走进彼此。
>
> 希望在这里路过的每一个人，都可以成为好友，
> 有天经过河南，都可以来公司唠嗑。
> 也欢迎来我们河南的少林寺，清明上河园，云台山还有拍摄封神榜的云梦山，，，，
> 这里景色宜人，好山好水好风光，朋友们看护栏的同时，还可以到景区去游玩去旅游观光。

这种欢迎有朋自远方来的姿态，让客户很舒服，朋友来，不一定是谈生意，可以到河南旅游，她会介绍河南有哪些好玩的地方，以至于每每想到少林寺，都会使人想到联系她，她的这种姿态使她赢得了更多的朋友，也让她拥有了更好的生意。

在做品牌的时候，我们一定要懂得联系公众熟悉的人，因为这能引起更多人的共鸣，从而让别人记住我们。

十一、引导客户主动联系我们，做好转化

开车上路，沿途我们会遇到很多标志，如修路标志、道路封闭的标志等等，看到这些标志，我们会不由得降速行驶，或者按照标志牌上的指引，绕道行驶。

如果某种商品也有如标志牌一样的作用，那么，它在消费者的心目中的地位是非常高的，就像每次要上火的时候，我们都会想到喝“王老吉”一样，为什么会有这样的反应呢？因为大家熟知那句广告词：怕上火喝王老

吉，有了这句广告词的引导，每次要上火的时候，就想到了喝“王老吉”。

那么，我们做阿里巴巴，是不是也可以像标志牌、“王老吉”一样，想办法引导客户呢？当然可以！

在这茫茫的网络中您找到了我的信息，我相信这一定是一种缘分

更希望这种缘分能得到一种延续

如果有一天您经过河北衡水时

可以进来办公室喝喝茶，聊聊天

我在此静候大家的光临

大家也可以加我微信号：[redacted]关注我的动态。

我们随时在工厂恭候您的到来指点和引导，如要看验厂欢迎点击[redacted]！
我们尽最大的能力来满足您的要求！

手机号(微信号)：[redacted](24小时在线为您服务!)
QQ:[redacted]联系人：先经理

对我们还有不了解的可以从头看下:https://detail.1688.com/offer/545411946276.html
欢迎多在本店多逛逛：https://shop1487092384711.1688.com

在阿里平台上，每天都会有很多消费者光顾，我们希望他们能够留下来，购买我们的产品；退一步讲，即便现在不购买，如能添加我们的联系方式，也是不错的，那么，以后消费者有需要的时候，就会考虑是否与我们合作。

很多生意都不是一次就谈成的，所以，消费者是否购买我们的产品不重要，重要的是两个人要有交集，只要添加了好友，就为以后的合作奠定了基础。

每个行业都不一样，阿里的规定和做法也有独特性，那么，在阿里平台上，该如何引导客户加我们为好友，联系我们呢？

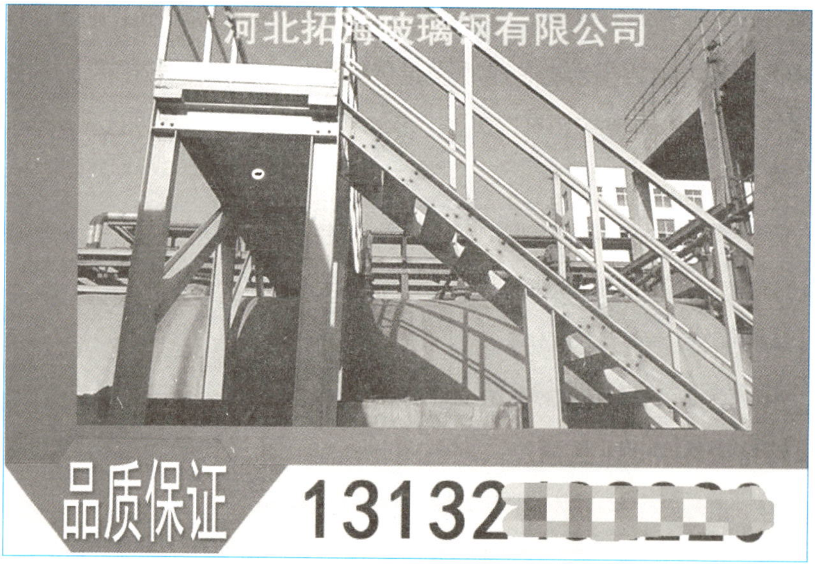

（一）引导客户联系旺旺

引导客户联系旺旺，首先我们要尽力一直在线，因为一般都是需要定制的行业或者价格一直在变动的行业，一句话两句话没办法说清楚，需要在旺旺上细谈，我们可以在描述里说，“您可以联系旺旺，获取最新报价”，或者“您可以联系旺旺，我们将第一时间回复您”，只要客户与我们联系了，就为之后的回访提供了可能。

（二）引导客户拨打电话

阿里旺铺的老板不能一直守在电脑前，客户有问题怎么办？就需要与老板电话联系，我的学员拖拖姐，是销售拖把头、仿鹿皮，客户有需要就会直接打电话给她，通过电话让她成交了不少订单。电话引导非常简单，只要在描述里附上一句：您可以随时拨打电话，我会24小时为您服务。

（三）引导客户直接加其他联系方式

其他联系方式，包括微博、微信、QQ，由于阿里有规定不能加QQ、微信，所以，我建议还是少用为好，当然，你可以在与客户电话联系后再添加其他联系方式。

（四）引导客户直接拍产品

引导客户直接拍产品，一般是不需要定制，可以直接发货的行业，比如服装、鞋子、被子、桌子等，你可以对客户说，“您直接拍下就可以，我们马上发货，我们会送货上门”等。

需要注意的是，我们不能为了引导而引导，而是为了更好的转化，为了留住客户，要实现这两个目标，我们首先要贡献价值，即我们的描述要让客户感到舒服，我们的图片要让客户感到美观，我们的文字要让客户感到用心，做好这个基础，引导才会有效果。

另外，以上四种引导方式，建议大家最好只使用其中的一种，不能太多。

旺铺的装修

一、主营的产品要在第一时间完整显示

做好详情之后，接下来的一项大工程就是旺铺的装修，很多人对旺铺装修都很随意，或者直接请人装修了事，但我不允许学员们这么潦草行事。我会让学员们先在纸上画出来，若画得不是很好，我会让他们修改，直到满意为止，然后再请人按照画出来的样子进行装修，所以，学员的旺铺转化率很高。

我为什么会在旺铺的装修上如此执着呢？因为每个行业都是不一样的，不一样的实力，不一样的方向，店铺装修怎么样，能直接看出商家是否用心，这些都是无声的语言，但客户能从中真切地感受到，用模板虽然漂亮好看，却打动不了客户。

旺铺装修最重要的一项内容就是店招，就像出去吃饭，一看饭店的店招，就能让我们决定是否进去进餐，好的旺铺的店招也能让用户留下来，消费者在电脑中搜索要购买的产品，首先映入眼帘的就是店招，第一印象在很多时候都能决定成败，那么，在店招上我们应该写哪些内容，才能吸引消费者，让他们留下来呢？

诚然，店招上可写的内容很多，但有一项内容必不可少——主营产品，

我们销售什么产品，一定要完整地写在店招上，这与详情里写的详细的主营不一样，店招上行只需写一个大概。

比如，我们生产LED灯，LED灯有很多品种，如果没有写清楚，消费者就不清楚你这里是否有他需要的产品，如果写得很清楚，消费者购买的可能性就加大了。我的学员灯姐，销售LED灯，她的主营产品是人体感应灯、橱柜灯、壁灯、无线门铃迎宾器，消费者只要一打开她的页面就能看到，就为消费者省去了寻找的烦恼。

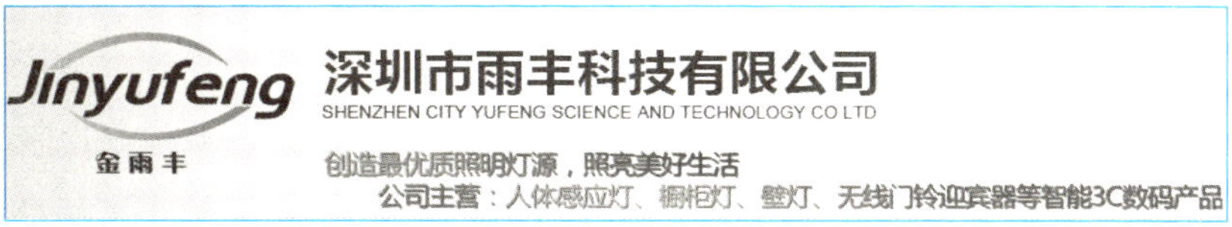

写店招上的主营产品时，应该注意两点：一是内容要详细，但又不能太多；二是根据重点和市场来调整主营产品。

（一）内容要详细，但又不能太多

假如我们销售的产品有50种，那么，我们写出主打的6、7种产品就可以了，不能什么都写，最好的情况是写3～6种。如果只卖一种产品，如LED感应灯，就应该细分，LED红外线感应灯、LED遥控灯等。

（二）根据重点和市场来调整主营产品

假如今年市场上的LED遥控灯很火，那我们也要把它写在店招上，并且字体加粗、加红，使其更加显眼，让更多人看到。主营的产品就是我们最有优势的产品，应写在店招的最前面。

店招是旺铺最重要的一项内容，不管我们的信息页面出现在哪里，店招都会呈现出来，而主营产品就相当于店招的眼睛，因为它与店铺网址、品牌名、关联性密切相关。在进行店铺推广时，我们常常会写上店铺网址，名片上也会有店铺网址的信息；品牌名，不少消费者会直接搜索品牌名进入我们的旺铺；所谓的关联性，就是消费者在搜索其中一个产品时，发现我们的店铺还有其他产品，也许，他还会购买其他产品。

因此，我们必须要将主营产品在第一时间完整地展示给消费者，做好引导，展示了主营产品，就能在一定程度上提高转化率。

二、店招上的两项重要内容：品牌方向、24小时服务电话

一次，我与一个学心理学的朋友聊天，他说头像里蕴藏着秘密。用生活照做头像的，一般都是很有颜值的人；用美颜做头像的，一般都是比较时尚的人；用花草做头像的，一般都是很专注的人。于是，我问朋友，如果一个人又美又时尚，还很专注，他会用什么头像呢？朋友说三者中总会有一个是最突出的。

细细想来，朋友的话有一定的道理，这让我们想到旺铺的店招，店招也可以看作是店铺的反映，是整个店铺最重要的位置，那么，我们该怎样表达它呢？除了我之前提高的主营产品外，品牌方向与24小时为客户服务的信息也是必不可少的。

先来说一说品牌方向，每个品牌都有自己的方向，这与线下实体店铺都有属于自己的专业一样，有专门卖包包的，有专门卖服装的，而这些产品又会有很多品牌，适应不同的人群等。在阿里平台上也有很多细分，店主是厂家，是经销商，做加工，还是招代理等等，每个店主都有自己的位置。

如果你做羊绒生产生意，接的都是羊绒生产订单，那么，你就可以在店招上写上“专注羊绒生产15”“首单50件，高效率，重品质”，那么，客户一眼就知道你的店铺全部都是帮忙做加工订单的，效率快，品质好，且专注了15年，让客户感到放心，要生产羊绒找你就对了。

如果你在店招上写“小样定制，来图定制，来样定制，品牌毛衫定制”，这就是品牌方向，客户看一下就知道你是做什么的；如果你在店招上写“自有品牌，欢迎一件代发”，客户就知道你是招代理的。

总之，大家应该明确一点，店招是店铺所有产品的反映，一旦确定了品牌方向，就不能轻易更改，不然会给人挂羊头卖狗肉的不好印象，从而对你的专业性也会产生质疑。

我有一个学员是生产销售拖把头和仿鹿皮巾的，她的定位是高品质，因公司名叫拖拖乐，所以，她的口号是“拖拖乐，只生产高质量的拖把头与仿鹿皮巾”，销量非常好。

当然，最重要的是她的产品质量过硬，很多产品都销往国外，达到了国际检测标准。另外，她的定位十分准确，即高品质清洁用品生产工厂，很少人会对比价格，更多的时候产品比的是质量，所以，他们一直以好的质量为突破，在质量上精益求精。

每家企业都有自己的方向和定位，这也就是我们常说的品牌方向，品牌方向虽然可以更改，但在定位之后，一定要做得专业。以前大家购物都会去大卖场，但现在更多的人会选择去专卖店，这就是专业使然。当下要想在互联网平台做成有特色的店铺，在细分领域上一定要做到最好。

除了品牌方向明确外，在店招上还需写上“24小时服务”的字样，这与我们在描述里讲的引导类似，留下一个24小时可以联系的电话，可以让客户第一时间联系到我们，从而争取多留住一个客户。

三、轮播图应体现出公司的服务与实力

对于网店来说，再多的流量也不够用，因为人的欲望是无止境的，当我们有了100个流量的时候，总想有1000个，当有了1万个流量的时候，也许我们还想有10万个。

要想获得更多的流量，就需要我们做好更多的细节工作，轮播图就是其中之一。通常在店招下面有五张图片可以使用，它的作用很大，当客户打开首页的时候，首先看到的是店招，接下来便是五张轮播图，当然，每个人放轮播图的数量不同，有放三张，有放一张，甚至直接将轮播图去掉的。

我个人认为将轮播图去掉是非常不明智的选择，这个位置很重要，它是店铺的表达，那么，如何放轮播图呢？是不是直接把产品图片放上去就好呢？或者把主打产品放上去即可，这样做无可厚非，但我们还可以做得更好一些。

因为图片数量有限，我们肯定要放最重要的图片，什么才是最重要的图片呢？有关公司的服务与实力的图片。

（一）公司的服务

服务的重要性无需多言，假如公司是做一件代发的，就可以在轮播图上写上“欢迎大家加盟一件代发，200家网店共同的选择”，再配上一些代理的图片截图，就很有震撼力，相关链接可以链接到具体的代理页面。

假如公司做的是针对线上线下企业的代理加盟，就可以在轮播图上写上“代理加盟，火热招募中。线上线下的企业，欢迎代理加盟”，对我们产品有兴趣的企业就可以直接找到我们了。

总之，轮播图的图片要围绕定位展开与补充说明。

（二）公司的实力

展示公司实力的方法有很多种，做批发生意的可以拍摄仓库图片，在图片上写上“2000平方米仓库，大量出货，可供出口”；接加工订单生意的，可以展示自己的工厂、机器，在图片上写上“一条龙服务，快速加工，快速出货，高效率，高质量”，若针对淘品牌加工，可以在配图上写“300家淘品牌店铺的一致好评”。

如果担心做不好轮播图，可以看看其他店铺是如何做的，不管是不是同行的店铺都可以，学习他人的长处，对我们自己也是一种提高，才能使图片更加美观，口号提炼得更加精准。

我建议大家将五张轮播图都利用起来，在发图片之前，要规划好每一张图片要传递怎样的价值，千万不能随意将图片上传，一定要上传能给我们加分的图片。

再有，不能将产品图片直接放到轮播图里，但我们可以在轮播图里主推一种产品，尤其是我们有优势的产品。

总之，轮播图是店铺中比较重要的位置，既然是重要的位置，我们当然要显示重要的图片信息，所有的图片信息都要围绕着定位、品牌、订单来，图片的美观是必须的，如果自己做得不好，可以请专业人士来做，这一点马虎不得。

四、首页要突出公司核心、业务范围、流程

做好轮播图之后，接下来就应该强调公司的核心了。公司的定位不同，强调的内容也有差别，做批发生意的店铺，要强调批发产品的款式新，物美价廉；定位为生产的店铺，要强调生产效率与质量；定位为代理加盟的店铺，要

强调市场大、效果好。不管店铺的定位是什么，都应该注意以下三点：

（一）突出公司的核心

每个公司的核心都不一样，也有的公司没有核心，那么，我们就要打造出公司的核心，看下面几个例子。

案例1：A很喜欢写文章，他的文章经常被阿里推荐，尽管他的公司刚刚起步，但由于他经常将在阿里上获奖的文章、被推荐的截图上传到阿里旺铺，所以，大大提高了客户的信任度，转化率较好，经常有人与他谈论如何写文章。

案例2：B经常在阿里巴巴上获奖，借获奖的机会他与阿里的小二、领导合影，合影上还有他的奖牌，这些统统都放在阿里旺铺上，增加了客户对他的信任度。

案例3：C做设计，以前在一家著名的4A公司上班，后来他创业了，将以前的成功案例，包括大公司分享的例子截图，都呈现给客户，从而增加了客户的信任度。

案例4：D做毛巾生意，他的毛巾可以定制，很多大工厂都来找他们定制，他会把这些定制的相关信息展示出来，以提高自己的信任度。

由此可见，每个公司都有自己的核心，只是核心不同而已，即便没有，我们还可以将品牌故事呈现出来，甚至是仓库、办公室等。

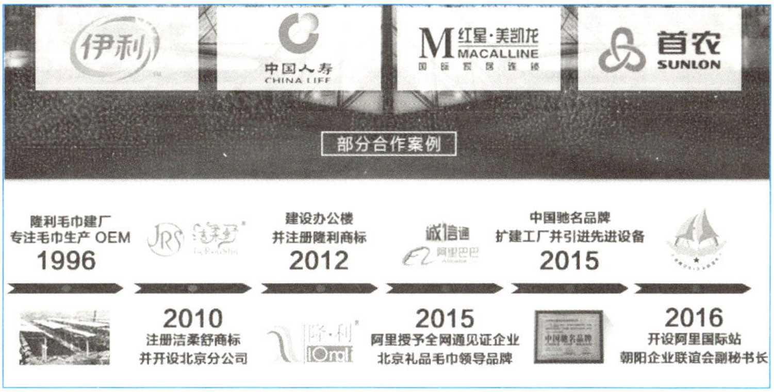

（二）业务范围有哪些

这一点也很重要，以做定制生意为例，包括来样加工、看板下单，来稿定制，还可以做广告贴牌，假如要做一个数据线，客户可以单独批发数据线，还可以在数据线上做广告贴牌。这些详细的内容都应该出现在店铺首页，放在最重要的位置，并且要用大图说明。

（三）流程便捷

客户来阿里，往往希望很快解决问题，如果他们看不懂你的旺铺，就会另辟蹊径，找他们能看得懂的旺铺去了，此时，就能凸显便捷流程的重要了。

如果做的是加工生意，我们就要站在客户的角度思考：一个要小单定制的人，他会担心什么呢？所以，我们要写明承诺“设计师一对一服务，30件即可下单生产，3～5天快速打样，7天出货，快速保障”。看到这样的承诺，客户心里就有底了，也清楚流程是什么了，就有可能找我们合作了。

若是代理，其流程就更复杂了，第一步要联系谁，有什么要求，第二步提供图片，有了订单怎么办，退换货如何处理，统统都要写清楚。

总之，店铺一定要做专业，首页很重要，最重要的内容一定都要在首页展示。

五、每个接单人都要展示在客户的面前

做阿里的有可能是公司，也有可能是个人，个人可能是公司里的业务员、公司老板、老板娘等等，但不管是哪种情况，每个接单的人都应该展示在客户面前，目的在于提高转化率。

先来说一说个人，也许你的公司规模很大，但接单的只有你一个人，那么，只要体现自己就可以了，即体现个人故事、个人经历，将自己的真实头像展示出来，客户在与你交流时，就能感觉到很舒服，很真实。

如果是一个公司，但接单的只有你一个人，而有些时候是需要发货，需要设计，需要售后的，这个时候，你可以把相关人员的头像、联系方式放在店铺上，这样客户就知道什么时候找什么人了，而且给对方呈现出的是一个团队。人或多或少都会以貌取人，一张有美感的图片，说不定就能让客户下单呢！

多人使用一个旺铺的情况也比较多，我的一些学员就是这样的，他们会将他们的图片和联系方式都放上去，努力去宣传阿里，努力做业务，因为业绩与他们的收入是挂钩的，此时，阿里就变成了他们的一个平台。对于这种情况，我建议他们把每个月的业绩排名都呈现在旺铺里，比如，7月份的销售状元是谁。

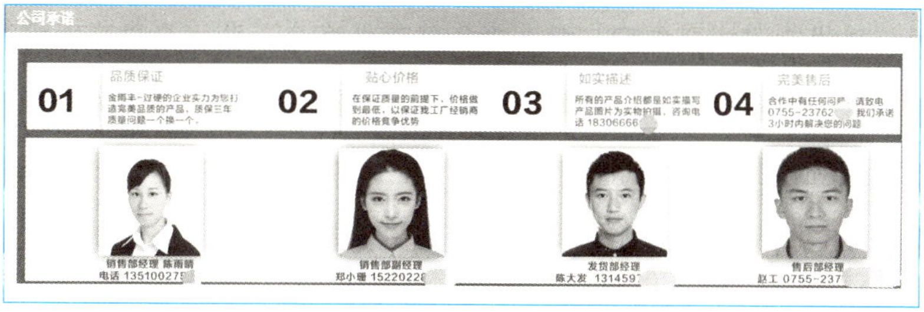

这也能在一定程度上促进客户下单。客户也许会抱着恻隐之心，支持一下最后一名，让他的业绩好一些，或者支持第一名，让他下个月依然是销售状元。这相当于竞争广告费，尤其是一些做付费推广的老板，这样做能促进员工之间的竞争。

还有一种情况就是多人推广一人接单，我的学员护栏姐就属于这种情况。她是老板娘，旺铺上所有的联系方式都是她自己的，而其他人都是推广人员，这种情况考核就不应以业绩考核为主，而是以信息量、流量等为主了，至于转化，就由护栏姐自己来完成。这样做的一个弊端就是，所有的售前、售后都找一个人，会比较辛苦。

最后，我来说一说把每一个接单的人都展示在客户面前，应把握的几点原则：

（一）图片一定要真实、美丽

图片真实会让人产生亲切感，线下见面也不会感到陌生，当然，爱美之心人皆有之，适当美颜还是要的，放一张美颜的生活照，简单、真实，又有利于情感的交流。

（二）一定要留下老板的电话

留下的电话不一定是一个，可以是老板的电话，也可以是销售经理的电话，让客户从中选择，使他们知道有事情该找谁。

（三）展示出来的号码都应该是公司的号码

假如是多个业务员，有多部电话，这个时候一般都留公司的电话号码，这样做的好处是，即便是业务走了，客户还在。

最后请大家记住一句话：在自媒体时代，一定要懂得做个人品牌，在网络中展示出真实的字迹。

六、最主打的产品一定要放在最重要位置

我经常对我的学员们说，做阿里时，前面的50条信息非常重要，一定要做到每一条都是经典，这样以后做起来就简单多了。因为做阿里有一个主推，其中有一款叫爆款。

我曾多次强调做第一的重要性，哪怕我们做不了销量第一，做排名第一也可以，不能将所有的排名都做到第一，单品排名第一也是非常不错的。

我有一个朋友在阿里上销售键盘，一年的销售额可高达几百万，而这仅仅靠一个链接，即一个产品，他每次发货都是那款产品，其他产品销量并不高。阿里的市场很大，如果有一个产品排名持续靠前，能持续有销量，有转化，就非常了不起了。当然，我们还应该做其他的信息排名，这可以在我们的店铺里进行设置。

一般一个店铺里主打的款只有12～24个，太多的话就显得产品杂，太少又显得比较单调，12款可以分两行展示，一行6个产品，24款可以分三行展示，一行8个产品，产品图片看起来不会太大，也不会太小。

这就是我们主打的产品，即在前面设置的掌柜推荐，客户一进到店铺就能看到，这应该是我们的主推，在阿里上搜索时位置也比较靠前，因此，我们要主推我们有优势的款，这么多款，若都能靠前，流量就足够了。那么，该如何选择主推的款呢？大家可以从以下四点入手：

（一）根据市场来选择

通常我们把它称之为选款，特别是做服装做鞋子，竞争比较大，因为不是什么样的款式都会流行，也不是什么样的款式买的人都一样多，所有，我们一般都根据销量高的款式来确定我们的主推款。

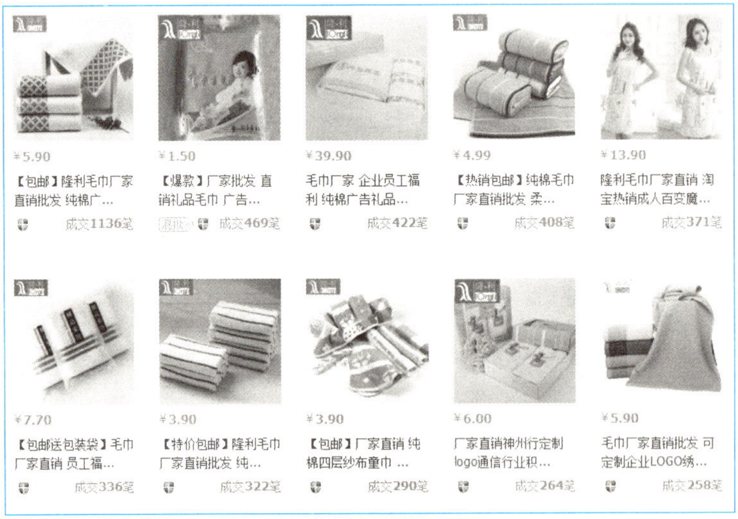

（二）设置引流款

首先，我们要清楚什么是关联销售，就是我们拿其中的一款来引流，也许这款并不怎么赚钱，但因库存量大，或者是最具有核心竞争力的款，就可以拿来引流，当流量有了，这款产品销量大涨，其他款的销量也会带动起来。

（三）主要的款一定要主推

商家为了销售产品，一定会参加活动，不一定是在阿里，也可以在其他地方，如微博，来推我们的产品，这个时候主要的款一定要主推，因为当一款产品很好的时候，排名会靠前，流量会大，转化率会高，从而带动整个店铺的生意。

（四）有正常的款，也一定要有高价的款

我们主推那么多款，其中一定要有高价的、利润高的款。我有一个销售玉的学员，他产品的平均单价是1500元，我告诉他应该有更贵的玉，他说有更贵的，只是没有主推，我便建议他推几款，之后，他主推了几个十万元以上的玉石，结果却给他带来了销量，这是为什么呢？

因为对比，当你的产品都是低价款时，哪怕是有再低的价格都显得高，而当你有高价款时，其他的产品就不显得价格高了。

最后，记得将最主打的产品放在最重要的位置，一是基本上最畅销的产品才能成为最主打的产品，它象征着一个店铺的最高水平；二是大家购买的也往往是推荐的产品，流量往往是这些产品带来的。

所以，不管从哪个角度来讲，我们的店铺都要有主打产品，这是我们店铺的核心，它能帮我们带来流量，带来转化。

七、每个分类都必须简单、清楚

做阿里旺铺，有一个非常重要的，也是最容易忽视的内容，就是产品分类，很多时候，大家都觉得这个很简单，随便分一下就可以了，其实并非如此，因为阿里分类有几个重要的功能，所以，有些细节必须要做好。

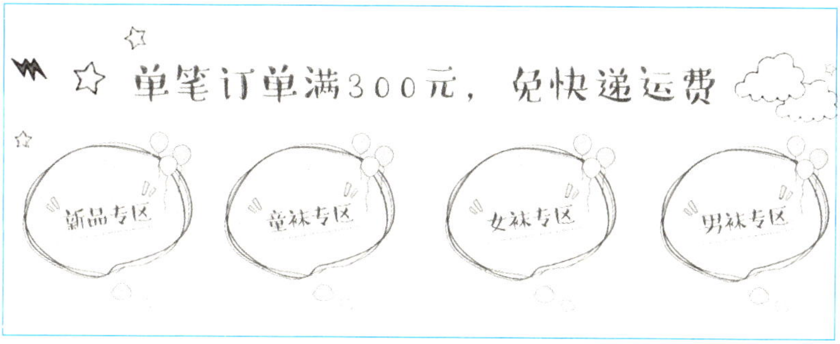

（一）阿里分类的功能

阿里分类主要有四个功能，具体内容如下：

1.让客户更清楚、更方便地购买

假如客户想买袜子，当他们进入一家卖袜子的店铺后，接下来他们会怎么做呢？当然是看分类，因为袜子有很多品种，也有很多不同的适应人群，如果他想买男士袜子，肯定会进入男袜的分类，男袜下面又有小分类，冬天穿的袜子、夏天穿的袜子等，店铺分类很清楚，客户购买起来就很方便。

2.提高转化率

一款产品往往有很多的功能，以按摩椅为例，它可以是适合全身按摩的，属于中档按摩椅，也可以是适合送给老人做礼物的。有些客户在购买按摩椅时，可能并不知道它这么多功能，当他看了商家的分类之后，就很清楚自己该选择什么样的按摩椅了。

3.引导客户

每家店铺里都会有很多产品，不同的产品有不同的特点，比如，什么样的产品是主打，什么样的产品库存量大，什么样的产品利润最高，什么样的产品最有优势，我们就可以通过分类来说明，把最重要的放在最前面。

4.展示服务与功能

依然以按摩椅为例，按摩椅有很多功能，比如，可以是办公按摩椅，它适合年轻人；可以是豪华按摩椅，适合作为礼品送给老板。所以，我们可以按照按摩椅的适用人群、档次、送礼品的不同对象来分类，如果没有这些分类，客户可能都不清楚按摩椅还可以送礼，按摩椅可以办公等等。

（二）如何对产品进行分类

对产品进行分类，需要把握四点原则，如下所示：

1.分类一定要细

分类细，能让客户在第一时间找到所需产品，比如，将袜子分为男袜与女袜，女袜下面又可以细分为长筒袜、短筒袜、隐形袜等。

2.按照不同的方式进行分类

袜子有很多功能，如防臭袜、本命年红袜、时尚袜等，而防臭袜又分为男袜跟女袜，还好，阿里这个平台可以让我们将产品进行多种分类，这也是产品功能的体现，因此，一定要细且清楚，对提高转化率、引导客户都有帮助。

3.分类要简单、清楚，一目了然

为了做排名，为了让店铺显得更专业，我们应该把分类做得更简单、清楚，以提高客户的体验，把这些基本的要求做好后，再在细节上去修改完善。

4.在主要的分类下不要重复铺货

比如，客户想买袜子，点了一个分类以后，发现里面有很多一样的袜子，或者不同颜色的袜子，这会让客户不知所措，所以，千万不要重复铺货，一个产品一个链接，这样客户就可以直接点进去拍了。

产品分类看似是一个无关紧要的细节，但是不同的分类会产生不同的转化率，不同的分类也会产生不同的排名与销售额。

八、一定要有未分类

不少做阿里的人都会遇到这样的问题，产品只有四种，但阿里规定不能重复发信息，那么，该怎么办呢？到底该发几条呢？

其实，有不少的厂家、企业只有一种产品，比如生产跑步机的厂家，也许两年内就生产两款跑步机，但就是这两款跑步机就能带来几千万的销售额。

再比如，从国外引进某种产品，而这种产品只包括两种饮料，一种是男生喝的，一种是女生喝的，其功能都是促进新陈代谢，厂家研究几十年，就研究出这两种饮品，如果要在阿里上销售，信息该怎么发呢？

主要的分类一定不能重复发，不然客户进去拍商品的时候，容易出现重复拍，因此，我们需要在旺铺下面准备一个分类，叫未分类。

假如一个工厂只有两款跑步机，但一个标题只有30个字，而一个产品的关键字又都是无穷的，此时，我们就要发很多产品信息，但是它们的关键词字不同，即标题不一样，为的是占据不同的排名，也为了让更多的消费者看到，也就是说，我们可以发很多信息，但这些信息不能放在分类里，只能放在未分类。

这些信息都是我们引流的信息，阿里上有规定，有些活动只有信息达到60条才能参加，阿里上设置未分类有两大好处，一是提高客户体验，二是发更多关键字，提高店铺的流量。

（一）提高客户体验

比如，我们只卖两种产品，那么，我们的推荐信息只有两条，但实际上往往要发较多的信息，因为这样我们更容易被搜索到。不过，如果推荐了8条、10条，就会显得比较杂乱，因为我们只卖两种产品，这个时候最好只推荐两种产品，其他的信息就放在未分类中，如此一来，我们的店铺就显得充实了，而且看上去很清晰。

（二）发更多关键字，提高店铺流量

这是我们做未分类的重点，让你的每一个产品的关键字都能带来巨大流量，为了更好的理解，我们来看下面的例子。

案例1：A销售软件，但他的软件只有一个，他开了4个阿里旺铺，并发了很多信息，高达一万多条，其他的并没有做什么，但效果却很好，每天都有不少人咨询，为什么会有这么好的效果呢？

因为阿里是一个很好的B2B平台，在阿里上发布的信息很容易被百度收录，发的越多，被收录的就越多，自然咨询的人就更多了。

案例2：B在阿里上卖特产，他询问渠道商该怎么做，渠道商告诉他多发信息，于是，他发了两个月的信息，之后又问该怎么做，渠道商依然告诉他多发信息，虽然很辛苦，但坚持一段时间后，效果就有了，而且越往后效果越好。

此外，做加工和机械生意的人，更应该做分类，因为客户多是搜索本地的关键字，而阿里是最好的B2B平台，在这个平台上发信息，效果会非常好。

在这里，我还想提醒大家两点，一是图片一定要足够多，不能只将标题换了，图片不换；二是一条一条发信息会很慢，建议选择用阿里做助手，这样一天最多能发1000条，虽然发的数量很大，但每条都很精致。

九、每个品牌都要有品牌故事与个人故事

想到品牌故事，很多人都会想到钻石的品牌故事，还有那句耳熟能详的宣传语——爱情恒久远，一颗永流传。原本就是一块普通的石头，就因为有了品牌故事，让它成了价值不菲的钻石。

在生活中，有很多类似的故事，尤其是网络上流传的很多创始人的故事，渗透力非常强，虽然我们没有听他们本人讲过，但很多媒体都会把他们当成例子，进行宣传。同样，我们做阿里也应该有品牌故事。

比如，一想到护栏，我就会想到护栏姐；一想到LED灯，我就会想到灯姐王雪清。我想到的不只是她们的名字，还有她们的故事。护栏姐很勤奋，虽然已经做到产业带最大，依然每天工作到很晚，灯姐的公司很大，自己生产LED灯，还开通了很多诚信通，每天的业务量可高达几十万元。

那么，我是如何知道她们的故事的呢？通过与她们接触了解，以及阅读她们写的文章，因为我知道她们的故事，在讲案例时，也经常会提到她们，所以，很多人又通过我的文章知道了灯姐、护栏姐。

-----关于锦银丰品牌-----

锦银丰，银丰这个名字，到目前2016年的现在，我们用了13年！所以在我们河南新乡市也算是小有名气吧，建筑类的人说起来都知道我们银丰，就像今天上午还有客户说是慕名而来，呵呵，仔细想想，这企业的名字和人的名字是一样的，时间长了，认识的久了，当你帮助成就更多人的时候，别人也就记住了我们，帮助了别人同时也成就了自己，所以这个名字我们也像人名一样上了户口---注册了商标。这个就算是品牌吧。

那么为什么要叫锦银丰呢？本身我们生产的产品是金属制品，做生意的也就图个平平安安，前程锦绣，小时候家里条件不太好，自己也是农民出身，就想着我们做生意像种地一样，能够风调雨顺能够有一定收成，保持一直是一派丰收的好景象，也是一种美好的心理愿望，相信大家都是一样的心理，都想把自己做的事情做好而且想要更好，所以如果此时我们有缘相遇，那么我们就一起努力携手让我们的未来更好。

当我们开通了阿里，装修好了旺铺之后，就要写公司的品牌故事与个人品牌故事了，以便让更多的人了解我们，帮助我们传播。那么，如何写公司的品牌故事和个人故事呢?

（一）写公司品牌故事的三要点

写公司品牌故事要把握三个要点，一是公司的历程与由来，二是公司的专业与实力，三是公司方向与梦想。

1.公司的历程与由来

就是当初是在什么样的条件下创建了这个公司，为什么公司叫这个名字，在创业的时候，公司都经历了什么，这些都要真实的表述出来。

2.公司的专业与实力

也许公司是刚刚建立的，但没有关系，比如，你的公司位于产业带，你在这个行业干了很多年，公司在哪里获得过什么奖项，公司的售后服务很好等等，这些都可以看作是公司的专业与实力。

3.公司的方向与梦想

再小的公司也要有梦想，以便让客户知道我们的方向，让他们知道我们一直在不断地进步，虽然我们不是世界500强公司，但我们的客户可以来自500强公司。

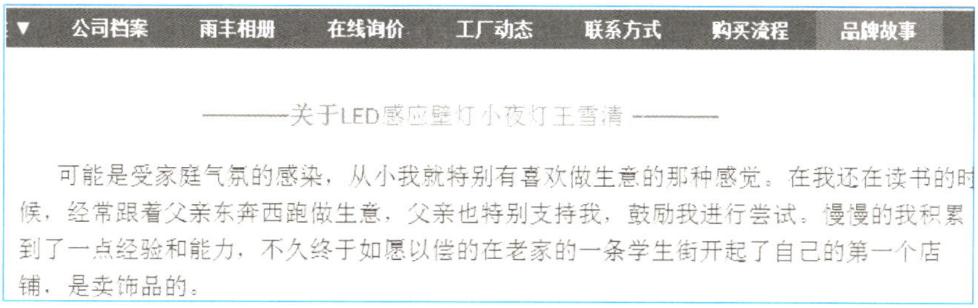

（二）个人品牌故事

写个人品牌故事，应主要把握下三点：一是我们的经历，我们很用心，在这个行业做了很久；二是我们很专业，我们热爱这个行业；三是我们的小小梦想。

1.我们的经历，我们很用心，在这个行业做了很久

这一点，主要告诉大家我们为什么会接触这个行业，自己在创业的过程中是如何用心的，比如，经常加班到深夜，在这个行业做了很久，不一定一直在某个行业，可以是相关行业，把这些内容统统真实地表达出来。

2.我们很专业，我们热爱这个行业

一定要告诉客户，我们的产品很专业，不管是在这个行业做了十几年，还是刚刚创业，我们始终热爱这个行业。

3.我们的小小梦想

我们的梦想一定是希望能在这个行业干一辈子，把我们的产品、公司做大做强，当我们选择了做一件事，选择了做阿里，就会一直用心去做。

我们在写公司品牌故事和个人故事时，要突出时间、地点、人物，以及起因、经过、结果，这样才能感人，才容易传播。

最后一点，我们要将故事单独做一个页面，并填上公司的图片、个人的图片，以及阿里的网址。

十、购物流程应放在重要的位置

人外有人天外有天，在阿里这个平台上总有比我们更用心的人，虽然我们无法保证自己是最用心的人，但至少我们应该在一些重要的事情上做到用心，比如购物流程，这必须认真去写，并把它放在最重要的位置。

这与我们之前提到的描述里的简化版流程不同，也与首页的流程不一样，这个流程是需要做一个单独的页面，而且要写得十分清楚，要有截图，

要有箭头说明，包括怎么拍，怎么汇款，怎么下单。

阿里的每一笔订单都比较大，而且来阿里的有各个年龄段的客户，不乏一些“60后”的人，他们可能没有太多的文化，可能第一次听说阿里巴巴，根本不知道如何在阿里上购买。相信很多店家遇到过询问什么是支付宝，如何汇款，怎么拍东西的问题，如果没有购物流程进行说明，每次都要教对方很久，实在太麻烦了，而且效率太低。

做购物流程最主要的是细致，细致主要体现在三个方面，一是截图加箭头，加付款方式；二是引导联系；三是一定要有可打开的链接。

（一）截图加箭头，加付款方式

这一点主要考虑美观问题，当我们把店铺装修好，截图就很容易了，比如，加购物车怎么加，拍了产品如何付款，是不是可以通过银行卡付款，这些都要写得十分清楚。

（二）引导联系

在阿里上若没有引导，很难留住客户，说不定他们连字都不会打，电脑的使用也不熟练，根本不知道如何与店家取得联系，当然，也有可能看不懂，也许他们连旺旺都没有听说过。所以，尽量用引导电话，写清楚电话号码，他们不懂的话就会和你联系。

（三）一定要有可打开的链接

有的店主会放一个网址在上面，但是不能直接打开，这对于客户来说，也是很麻烦的事情。有的客户可能根本不知道如何操作，即便知道如何操作，他们也不愿意花时间复制网址到浏览器上，所以，一定要让网址可以直接打开，并在旁边注明“点击打开”。另外，结尾处一定要有一个可以回到首页的链接，这样客户才会在我们的店铺里待得更久一些。

总之，购物流程一定要做得清楚、简单，哪怕是第一次来阿里上买产品的人，都能知道如何购买，都能加我们，或者直接打电话与我们联系。

做好购物流程之后，还要考虑它放在哪里，不能像发产品信息一样，只发一条，而是应该在店招下面的导航栏里下载一个购物流程，然后做一个单独的页面，这样我们就有了单独页面的网址，别人询问的时候，直接发网址给他即可，既节省了我们的时间，也让客户更加清楚。

河南新乡锦银丰护栏厂家购物流程

我们公司是专业生产批发热镀锌钢喷塑组装护栏的厂家，主要生产各种热镀锌材质的护栏，栅栏，围栏，栏杆，比如热镀锌栅栏，锌钢护栏，阳台护栏，空调栏杆，组装楼梯，喷塑栅栏，彩钢围栏，别墅围墙，道路交通隔离栏以及防护栏等金属护栏，我们有自己的生产厂房和车间，库存护栏原材料上百吨，有全自动喷塑流水线生产快发货快，锌钢护栏的优点就是可以组装成品运输或者散装发货，尺寸长短颜色都可以定做。为了方便大家购买可以直接进入我们的官网https://yinfenghulan.1688.com进行选择订购，为购买方便特写以下购买流程。

第一步：产品选择：您可以直接进入我们锦银丰护栏厂的网站，然后有目的在类目进行单个产品选择，比如是需要锌钢护栏，还是阳台护栏，或者空调栏杆。先确定好产品属性。购买前还有要确定产品信息的数据参数，比如高度，长度，颜色等问题，如果对产品不是太了解不敢确定的，我们可以给您提供合理建议。

具体咨询手机/微信15137390730　13513738730

qq：1084264490　公司电话：0373--6306298

在其他平台，可能会遇到有些客户没有账号的情况，那么，该怎么购买呢？但我们做了购物流程，就可以直接发给客户，因为是阿里的网址，客户又能看到我们的店铺，就会很放心，而且用淘宝账户就可以购买。

十一、重要内容要有单独的页面说明

阿里上有很多经营模式，有加工、定制、批发等，每个公司的经营模式可能都不一样，但他们都会专注自己的模式，有时候接一个订单，就能足够生产半年。怎么才是专注自己的经营模式呢？

在前面的章节中，我讲过无论是在详情，还是在首页，都应该有购买流程，在详情中的购买流程应该是简化版的，在首页的购买流程是普通版的，做到这两点还不够，还需要制定一个详细版的购买流程，即用单独的页面来说明。

或许，之前在网站上写个招商加盟，诚招全国各地代理，或者写个承接加工订单的信息，就能有生意主动找上门，但现在随着网络竞争越来越激烈，各个经营模式的门槛越来越低，越来越专业，若依然用以前的方式来经营，不认真写购买流程，就会丧失很多机会。

我之所以强调要用单独的页面来描述购买流程，一是为了说明它的重要性，二是为了表达得更详细。

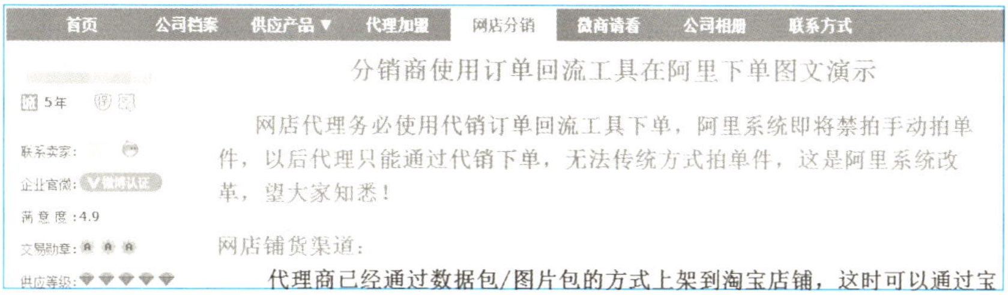

首先说一说设置单独页面的重要性，如果没有单独的页面说明，就无法显示出我们的重视程度，所以，如果我们做招商加盟，就应该把它放在最重要的地方去展示，如果做加工定制，也应该放在最重要的地方进行说明，而且我们还要体现出招商加盟的政策，加工定制的优势。

比如，拍下实体店的仓库、发货的图片，或者是网店的截图，不同的经营模式有不同的展示侧重点，应该结合自己的经营模式进行选择展示方式，并把展示的页面放在首页，即店招下面有详细的页面说明。

那么，为什么要详细说明呢？因为它既可以提高转化率，又能为我们节省大量的时间与成本。比如，我们做定制生意，客户需要对接哪个设计师，设计师又在阿里旺铺首页的哪个位置，做样板加工生意，客户首先要咨询能不能做，可以做的话，客户需要将样板邮递到哪里，签收人是谁，如何付邮费，签收之后，如何让客户知道等等，这些都是非常细节的东西，只有将这些细节做好，才能最大限度地提高转化率。

如果做招商加盟，所需要的细节就更多了，比如，每天要做什么，每天需要花多长时间，如果需要开实体店，需要多少资金，如果有网店，要怎么样上传产品到网点，怎样发货，如何售后等等，总之，需要注意的琐碎细节很多。

那么，达到什么程度才能算是详细呢？我们可以把客户当成一个不懂网络，或者是刚刚接触网络的人，如果一个新手客户都能知道如何操作，说明我们已经及格了，但这还不够，还要让客户感到舒服，要提高转化率。

我们在做这样一个详细的购物流程时，应注意四个要点：

第一，每一步都要有数字说明，这样客户就知道第一步完成之后，该进行第二步了。

第二，做好链接，方便客户，让客户只需点开链接，就能看到具体内容。

第三，留下联系方式，方便客户更好的转化，因为即使我们写得再详细，有一些内容，比如报价单或者图片，客户还是需要联系我们，进一步确定的，所以，我们要告知客户与谁联系，哪怕是没有成交，我们也可以做后期的维护。

第四，采用图文结合的方式，不能全部是文字，一是不美观，二是有些人会看不懂，所以，我们除了要写好文字，还应该让图片更清楚。、

总之，要想做好阿里，每一个点都要很用心，一定要比同行用心，百分之百站在客户角度去思考问题，才能使自己的店铺独一无二的优秀。

手机端旺铺

一、手机端旺铺也要装修

随着移动互联网的发展，很多网络平台的手机端流量都超过了电脑端流量。举一个很简单的例子，现在是不是有越来越多的人利用手机购物呢？所以，仅电脑端的旺铺装修远远不够，我们还应该有手机端旺铺，装修好手机端的旺铺。

因为我们已经将电脑端的旺铺装修好，再做手机端的旺铺装修就简单多了，以首页的图片为例，若文字不变，只需将图片尺寸调整一下即可。

没开通诚信通旺铺，阿里巴巴的手机端旺铺装修只需在电脑端进行，页面上会出现我的阿里，我们会看到旺铺，点开之后会有“我的旺铺管理”、“旺铺资料”，其中有一个旺铺装修（PC版）和无线建站中心，无线建站中心指的就是我们手机端。

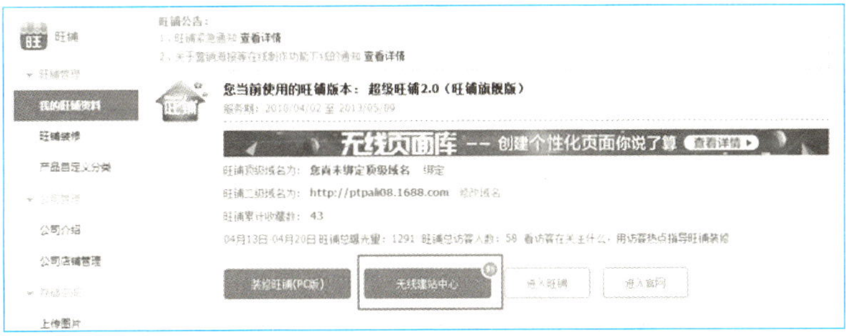

因为手机端旺铺展示的地方不多，但流量更大，所以，在装修时应该更用心，手机端旺铺装修有两点非常重要，一是头像，二是自定义图片。

（一）头像

一点开手机端旺铺，第一眼看到的就是我们的头像，这个头像应该具备三点功能，即公司的品牌方向、引导的联系方式、人名。没有公司品牌方向，客户不知道我们的店铺是做什么的，这是最好的广告位置，一定要将公司品牌方向写清楚，如果你是护栏厂家，就可以写护栏厂家。

写上联系方式，是为了引导客户打你的电话，你的名字是武志山，头像就可以是武志山的相片，这个头像也会显示在阿里社区。这样当别人在手机端看到我们的旺铺时，就能第一时间知道我们这个人，取得联系方式，并且知道我们是做什么的。

（二）自定义图片

很多人不会装修旺铺，打开手机端旺铺，就展示阿里帮忙推荐的8个商品推荐与6个热销商品，所以，我们一定要自定义图片，那么，该上传哪些图片呢？就是曾经在店铺首页做的包括公司实力、服务、主营、业务流程的图片，当客户看到这些图片，就可以直接与我们联系下单了。

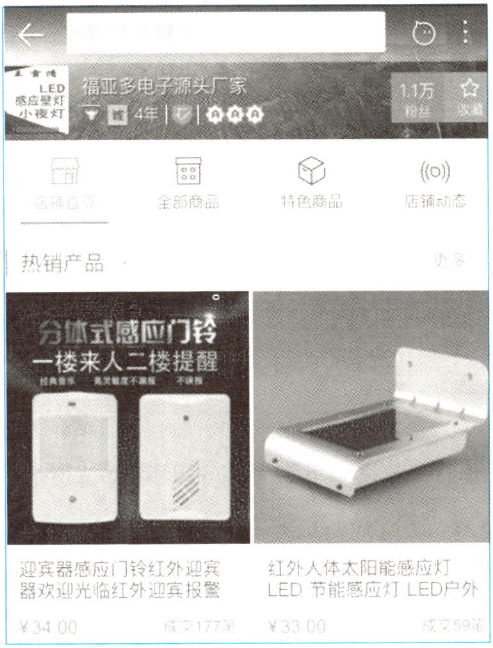

在自定义图片下方就是产品推荐，阿里会帮每个阿里手机端做8个商品推荐与6个热销产品，尤其是热销产品，阿里会帮我们推荐店铺销售量最大的产品，所以，很多人会把其他产品增加到其中，但我认为还是默认的最好，因为阿里是经过很多调研，才选择了推荐店铺销量最大的产品，一定有其充分的理由。

另外，大家无需担心客户找不到我们的产品，因为还会有一个商品分类，客户购买的时候直接下单即可，热销产品是展示店铺水平与品牌高度的地方，切勿忽视它的作用。

关于手机端的推广，我认为最好的推广一定是品牌的推广，把品牌做好了，就会自带流量，客户只要进入店铺，下单的可能性就非常大。

二、每天登录电脑端，也必须是要手机端

做线下生意，每天都要开门营业，不管是处于淡季还是旺季，因为你不知道客户什么时候会上门，做阿里也一样，每天都要登录旺旺在线。以前每天都要守在电脑端，等待客户，现在有了手机端旺铺，就可以随时随地在线。

旺旺时时在线，一来可以提高流量与排名，二来可以提高转化率。

先来说第一点，不管是对客户来说，还是对阿里而言，它都很重要。毫无疑问，阿里会把那些在线的店铺排在前面，之前，旺旺在线的权重不是很高，但现在不同了。客户搜索一个产品时，都可以看到旺旺是否在线，如果不在线，客户基本上就不会联系，肯定去找那些旺旺在线的店铺，以方便沟通，所以，旺旺在线的权重会越来越高，因为旺旺在线，客户才会点击页面，与我们沟通，从而带来大量的流量。

由于旺旺不在线的旺铺会给客户不好的体验，所以，阿里会把旺旺在线

的旺铺放在前面，但是，如果有的旺铺即使放在了前面，客户都不会去点，那就说明旺铺的信息或资料是不完整的，是有待完善的，久而久之，排名就掉了下来，其他的旺铺位置就更靠前一些了。

第二点是提高转化率。这一点比较好理解，不管什么时间，都会有客户来平台拍商品，在拍之前，常常需要咨询、沟通，他们希望能马上得到回答，如果不能得到及时的答复，转化率肯定不会高。

现在的阿里有很多旺旺工具，都可以聊天，而且信息是同步的，但就我个人而言，我最熟悉也最喜欢的是阿里巴巴APP，只需在手机端下载即可，有了它，不管是买东西，还是卖东西，直接打开即可，而且它非常的完整，包括挑货、旺旺、进货单。

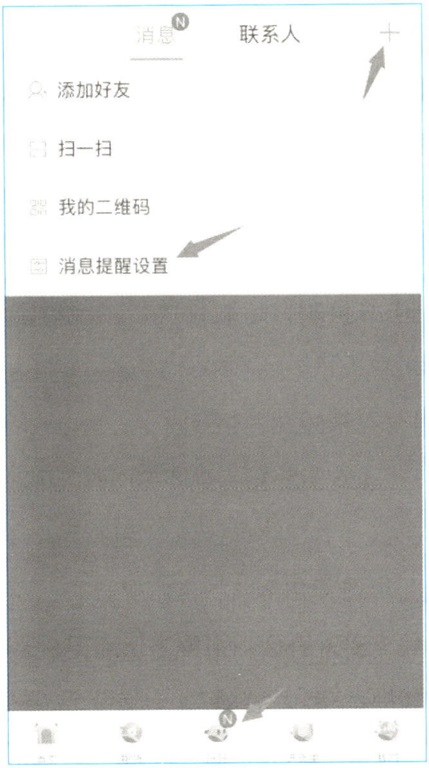

总之，阿里巴巴APP的功能非常强大，比如，可以直接切换成卖家或买家，可以设置添加好友或者扫一扫；可以设置信息接收的方式，可以设置为在电脑端接收信息，在手机端就无需接受；还可以设置铃声或者震动模式等等。

关于阿里巴巴APP的使用，我提醒大家三点，具体内容如下：

（一）设置新信息提醒，可以将其设置成铃声或震动，群提醒可以关闭

我们往往会添加很多群，若没有把群提醒关闭，手机一打开，就会响个不停，根本没法让我们安心工作，设置新信息提醒，可以让我们第一时间回复客户。

（二）设置电脑与手机都提醒

不管我们是否在电脑前，将手机与电脑都设置成提醒，就可以不漏掉客户的任何一条信息，能够及时回复客户的问答。

（三）把旺旺设置成在线状态

打开阿里巴巴APP，找到旺旺，它的右上角有一个+号，在这里面就可以设置消息提醒，使旺旺保持在线状态。

以上介绍的只是阿里APP的基本功能，除此之外，它还有很多功能，比如可以在上面写文章等等，使用好阿里APP，将对我们的生意大有益处。

站内搜索

一、将客户从线下交易引导到线上交易

做了几年阿里巴巴之后，我们最大的收获是什么？一个是品牌，一个是老客户，客户无需太多，说不定20个客户就能带来较大的销量。

做好旺铺的装修之后，接下来要做的就是引导老客户，将其线下的交易引导到线上，为了让大家更好的理解，我列举我两个学员的例子。

案例1：A以前一直在线下做生意，但线下交易的付款期限比较长，有可能要三个月，甚至要半年，所以，A从一开始就慢慢地引导客户进行线上交易。几年之后，局面就发生了改变，在线下交易的不少公司倒闭了，有些被迫转行，因为资金回笼太慢，甚至会出现客户欠债不还的情况，导致公司无法运行下去。因A引导客户在线上交易，不仅维护了老客户，还发展了很多新客户，公司的发展很稳定。

案例2：B以前也是在线下做生意，虽然意识到线上交易的重要性，但B不知道如何去做。我建议他先从老客户开始，于是，B就一一给保持了十几年合作关系的老客户打电话，加他们的微信与旺旺，然后与老客户在线上聊天，一些多年不联系的客户竟然向他要货，通过这个方法，他不仅维护了老客户，还发展了新客户，一下子就把阿里做起来了。

在阿里平台进行在线交易，可以获得第三方保障，尤其是大单生意，这无论是对买方还是卖方都有保障，彼此都不用担心。另外，阿里上有物流面单，可以直接打印出来，既完整又漂亮，大大节省了人工的支出。若是在线下交易，货品多是需要半年才能结算一次，甚至要长达一年，但在线上交易，最多只有15天，若比较着急，还能申请贷款，随借随还，使工厂形成良好的循环，当我们将线上交易做好，就能接到更多的订单，渐渐地，甚至可以使整个工厂转向网络接单。估计以后就没有网商的概念了，因为以后大家都会是网商，大家都会通过网络来做生意，相比线下交易，不知要好多少倍，线下交易的话，要进行电话营销，上门拜访，甚至是陌生拜访等等，效率会非常低。

例如，某人要在线下举行一个2000人的演讲会，即使举办人是一个一线明星，至少要宣传半年，但借助互联网，哪怕是一个不太出名的人，他的一个直播，参与的人就将远远超过2000人，因为参与的渠道更方便。

正是因为有了在线交易，才让更多的个体有了创业的机会，我有一个女学员，她以前是销售工业风扇的，后来辞职，自己创业，在网络上接单，然后让工厂发货，相当于她赚取差价，而且平时她还照看着两个宝宝，生意却做得非常红火，这就是阿里的魅力所在。

二、将外围的交易引导到阿里

当我们做阿里时，一定要把它当成大本营，用我们很多资源来宣传阿里，就像做事业一样，全身心地投入，我们的成功概率才会更高，才能获得持续的良性的发展。

我们最基础的资源有QQ、微信、微博，在初期，我们可以在这些平台上写上旺铺地址，第一时间告诉朋友，我们现在在做上门服务，如果有需要，可以与我们联系，并承诺给予最大的优惠，这种方式能让我们快速地成长起来。

当然，要想做大，仅靠熟人市场是不够的，还应该去开拓陌生人的市场，只有不断地去开拓陌生人的市场，我们才能真正的强大起来，那么，如何开辟陌生人的市场呢？无论是在阿里站内还是在站外，我们都可以尝试以下方法，为了方便大家理解，我举例来说明，每一个例子都是一个思路。

案例1：许立冲，销售PLC放大板，是我手把手辅导的学员，他开始做阿里的时候，只是简单地将他的阿里联系方式发给淘宝店主，因他有工厂，自己加工，所以，不少店铺直接找他进货，通过这种方式，他的阿里一下子就做起来了，之后又招了很多代理。

案例2：A做批发生意，他自己没有仓库，接了订单就请工厂发货，他的方法是每天都上活动，阿里上只要有活动，他就参加，每次的活动都能给他的店铺带来很多客户，最初客户只是要少量的货物，发现销量很好，再找他补货，一下子他的阿里就活跃了起来。

案例3：B的店铺生意很好，但刚开始的时候根本不知道怎么推广，就每天去圈子里学习，看别人的文章，看到好的文章，就积极地回复，渐渐地，他开始尝试写文章，每天都坚持写，渐渐地，找他合作的人越来越多，后来，有不少人通过搜索他的店铺找到他，使他的产品排名很靠前，他自己并不十分清楚流量来自哪里，只是他依然保持着写文章的习惯。

以上的三个案例，说明了不同的引流方法，但核心都是先做好自己，做好了自己，就会有客户上门，渐渐地，我们的店铺就很容易活跃起来了。

很多人会问：为什么我的信息没有靠前一些呢？这就是我们通常说的SEO，简单地说就是做排名。任何一个人的信息都不是一下子就能排到前面去的，需要日积月累的过程，坚持用心地做推广，坚持用心地维护老客户，才能让我们的排名一直靠前。

那么，哪些因素影响排名呢？在众多因素中有两个关键点，一是点击率，二是转化率，信息排名靠前时，客户才愿意点击，才愿意成交，当成功的概率比别人高时，我们的排名就靠前了。

三、保障勋章的意义

客户在阿里上搜索产品的时候，除了能看到图片、公司名、标题外，还能看到一些重要的信息，而这些重要的信息往往决定他们会不会点击，那么，什么是重要的信息呢？就是勋章，比如，24小时发货、正品保障等等，它能在很大程度上影响客户点击与转化，从而影响我们的排名。

那么，这些勋章是怎么来的呢？在开通诚信通之后，我们一般都会开通一个功能——买家保障，当然是否开通是自愿的，但多数人都会开通，开通这项功能不需要费用，但需要押金。

所谓的买家保障就等于我们把押金交给第三方，给买家一个承诺，主要保障三点，一是收到钱之后，我们一定会发货；二是产品质量一定没有问题；三是产品一定与我们在详情里的描述一样。我们交钱之后，阿里就会给我们一个勋章。比如，在搜索产品的时候，我们经常会看到“如实描述”这么一个勋章。

不过，因每个行业都不一样，加之竞争越来越激烈，会出现很多个性化的承诺，于是，便有了24小时发货、正品保证等勋章。以发货为例，就有24小时发货标志、48小时发货标志、72小时发货标志，这是我们给买家另外的承诺。

当然，这不是每个行业都可以有24小时发货勋章的，比如加工一个产品，可能需要7天的时间，显然不可能在24个小时内完成，因此不能加入这个勋章。需要注意的是，加入这个勋章，我们必须要真的能做到，如不能履行承诺，客户就有权申诉，并获得相应的补偿，而客户的补偿就从店家的保障金里扣除。因承诺不一样，所以，保障金额也不一样，有些是可以共用保障金的。

关于保障金与保障勋章问题，我谈三点内容，具体内容如下：

（一）补偿客户之后，剩余的钱怎么办

假定阿里要求3000元保障金，因我们没有按时发货，客户进行了申诉，补偿了客户200元，那么，保障金里就剩下2800元，那么，我们就需要在14天之内补足3000元，如果没有补足，就默认退出了买家保障。

（二）押金能否退还

押金是可以退还的，这笔押金一直在我们自己的账号里，只是被冻结了，不能用，最终我们是可以申请退回的，在交易完成60天之后就可以退回。

（三）要不要开通这些保障勋章

通常实力商家的保障最多，包括换货保障、发货保障、质量保障，保障金额往往不能低于16000元，我认为如果可以的话，尽量都要开通，因为这不只是给客户的一个承诺，更是一个姿态，同时还能影响转化，相比之下，开通保障勋章的店铺，一定会比没开通的店铺光顾的人多。

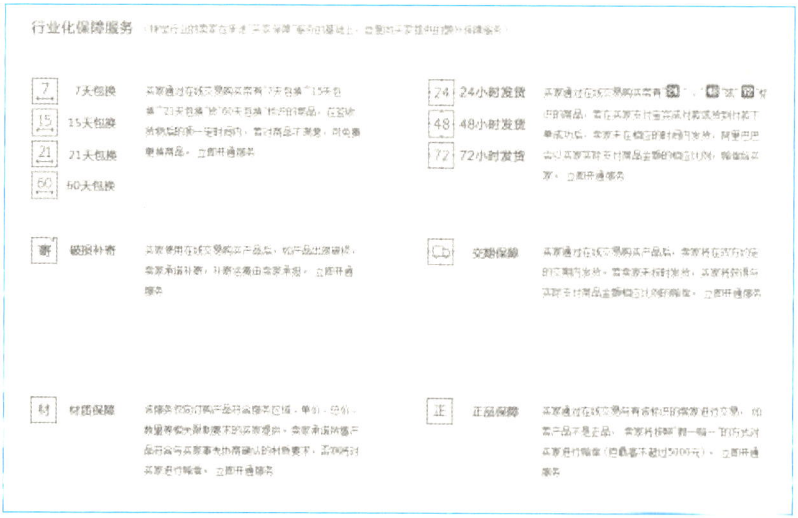

买家保障其实与公司上市有些许的类似，众所周知，公司要上市，是需要被严格监管的，尤其是在美国，监管更加严格，但不少企业还是愿意去美国上市，因为这代表着公司的实力，也可以让公司更加规范化发展。明白了这个道理，你就不会犹豫是否开通买家保障了。

产业带

一、至少要加入一个产业带

客户在搜索产品信息的时候，往往会留意“产业带”三个字，如宁波产业带、义乌产业带，“产业带”三个字对客户有很大的吸引力，所以，我们一定要加入产业带，那么，加入产业带有哪些好处呢？

（一）认识更多优秀的人，有利于整合资源

一个人是否优秀，在于他有没有强大的人脉资源，如果你身边有一个优秀的人，你跟在他的身后，得到他的提携，你的水平也会得到显著提高。加入产业带也是一样的道理。

假如你生产陶瓷，并且加入了德化的产业带，一般在产业带都会有群，平时大家在线上线下交流的机会很多，当你接了一笔大的订单，你自己消化不了，就可以在产业带的群里将信息发布出去，让其他的厂家来帮忙消化订单，以解燃眉之急。

在产业带里，你不仅可以很快地找到供应商，还可以认识优秀的人，比如哪个厂家的产品最好，哪个厂家的产品最有特色，你可以把这些产品放到你的店铺中去，说不定就能帮你带来更多的订单。

我认识好几个朋友，他们都到产业带去做生意，销售陶瓷的都去德化，

销售男装的都去石狮，在产业带，他们能拿到一手的资源，现在他们中的一些人已经投资建厂，生意越做越大。

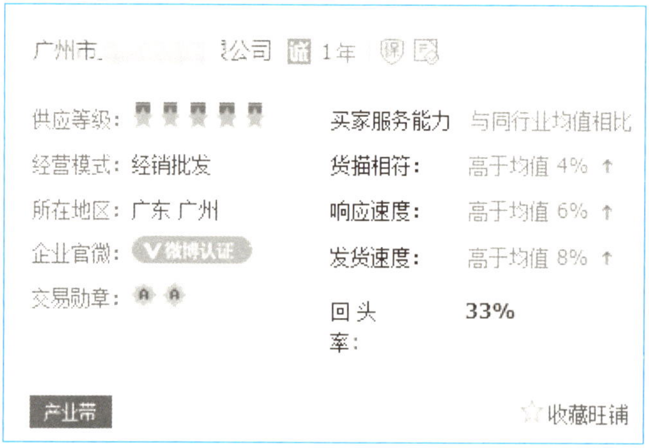

（二）提高转化率

在阿里平台搜索产品信息的时候，会显示出产业带，客户们大多喜欢购买产业带的产品，因为他们认为产业带的产品肯定是正品。如果你加入了产业带，在旺铺里就会看到一个加入产业带的标志，当客户看到这个标志后，就更愿意下单了，从而提高了转化率。

（三）提高流量

加入产业带能提高流量，主要体现在三个方面：

1.自带流量

我们在注册公司的时候，就将其注册在产业带，比如销售陶瓷的在德化注册陶瓷厂，不少人在购买陶瓷时，都会直接搜索德化陶瓷，然后直接与店家联系，这就是自动流量。

2.产业带页面带来的流量

现在产业带页面带来的流量比之前会少一些，因为之前阿里的导航栏里也有一个产业带，而且产业带这个频道的流量很大，那个时候只要加入产业带，基本上就能增加40%的流量，虽然现在流量没有以前多，但它的作用依然不能忽视。

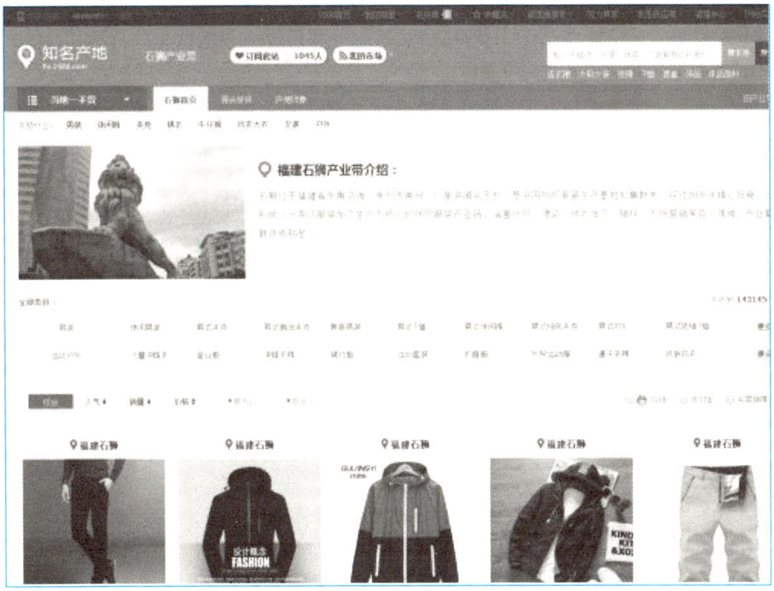

3.“产业带”字样能增加客户信任度，增加流量

加入产业带后，在搜索产品的页面就会显示出来，同样的排名，就因为我们加入了产业带，点击率就会高于同行，流量自然就增加了，当然，转化率也会提高。

因为以上优点，我们在做阿里巴巴时，就一定要想办法加入产业带，只是这样一个小的行为，就可能会给我们带来很多生意。

不仅如此，在产业带里，我们可以与更多的人一起成长，一起进步，如果只是一个人闷头做会比较难，有了其他人的帮助，我们就有了可以借助的力量，提高自己，而且还能节省资源。比如，几个公司合请一个美工；别人开发了新产品，我们不再就需要苦苦地研究，直接与对方合作即可，从而大大提高了效率。

二、有机会要争取运营一个产业带

阿里巴巴的产业带是可以申请运营的，之前还有站长频道的时候，很多人就因此拿到了红利期，我为什么要强调争取运营一个产业带呢？因为运营一个产业带有诸多好处。

（一）流量大，可以做流量倾斜

现在阿里巴巴依然在推产业带，一是因为产业带里有很多源头好货，二是产业带的很多频道都运营得非常好，因此，它能带来很多流量。

因为得到官方的推荐，所以，我们的频道上自然就会有很多流量，又因为我们自己可以设置产品，这就相当于拥有了一个属于自己的网站，自然就可以做流量的倾斜，比如，轮播图可以怎么设置，爆款可以怎么样设置。

（二）举办活动

活动不只是在线上，线下也可以举办，在举办活动的时候，不只有你一个人参加，所有参加的人都在一起推一个频道，因此很容易火起来。因为你在线上有很多的商家、客户，那么，在线下就会有更多的机会认识更多的人，由于都在一个地区，因此更容易聚集在一起。

（三）作为领导者，可以进行资源整合

当我们有机会运营一个产业带的时候，就一定要努力把它做好，尽量让我们的产业带排名靠前，这样阿里就会带给我们更多的资源。

我有一个朋友在福州做了一个大公司的产品平台代理，他代理的公司很有名，他代理的产品尽管有一定的利润，却不能让公司盈利，但他并不在乎，因为还有很多后端可以盈利。

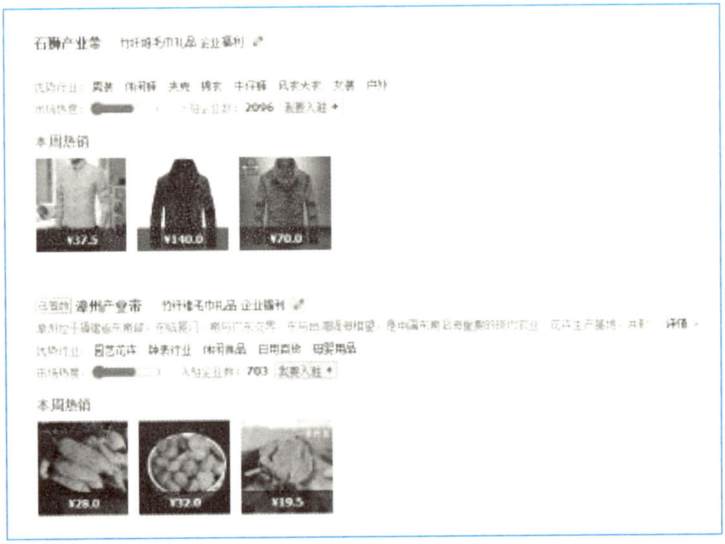

比如，一个人开通了账户，那么，他就需要产品拍照，需要美工，需要运营，需要推广，因为之前朋友是以大公司代理的身份去与他接触，他们之间就建立起了一定的信任，自然就会找朋友来做这些事情，从而使朋友从中获利。

如果朋友不是大公司的代理，就很难取得他人的信任，也就是说，他做了一个大公司的代理之后，他的公司业务就自带流量与信任度了，当地的商家都愿意找他。

阿里的产业带一直在发展。在以前，一个产业带会有很多种类，可以是小吃或者是当地的特色，所以，它不只对站长有好处，对政府也有裨益。现在阿里上的频道也可以由政府提出申请。

目前，站长频道正在升级当中，如果以后还能申请的话，我们一定要第一时间去申请，有政府资源背景的，可以协助政府申请。

当然，我们也可以留言，让阿里巴巴联系政府开通产业带，即使我们自己没有当运营者，肯定也会有很多好处，如能当运营者就再好不过了。

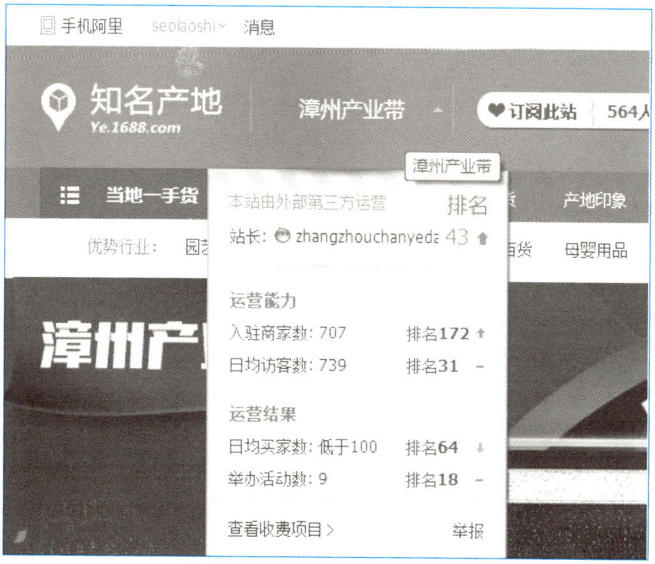

阿里规定，每家企业可以加入3个产业带，随时都可以加入或退出，现在主推的产业带频道，不管是在手机端还是在电脑端，统称为云市场，也称为档口货源、档口尖货。在阿里巴巴首页、导航栏中都有推荐，有很大的流量。

假如我们是做档口的，有自己的店面，肯定要申请加入，就像很多的人来档口找我们拿货一样，只不过这是在阿里上拿货，流量非常大。

最后，请大家记住一句话：做阿里，一定要跟着阿里的方向走，并努力做到最好。

Part7

一件代发

一、入住一件代发市场，找分销商更容易

在阿里巴巴上，有一个很重要的频道，也一直是阿里巴巴主推的频道，且一直把它放在最重要的位置，不管是手机端还是电脑端，都是如此，它就是一件代发，也就是阿里巴巴的代销市场，由此我们可以知道阿里的主打与方向。

有很多公司、厂家都做阿里，因为客户喜欢从源头购买，即使是多级别的代理，他们也会说是厂家直销，因此，在阿里这个平台，有很多商家想招分销商，实现合作共赢，在最短的时间里把公司的业绩做好。

可以肯定的是，入驻一件代发市场，可以招到不少分销商，你每天只要发货即可，但在这之前，一定要对自己有一个定位。若原本就已经注册了公司，就肯定要招分销商了，若你原本做其他模式，现在想招分销商，就应该做好以下准备。

（一）准备包装

加入了一件代发，就等于做零售，就需要包装，就像我们在淘宝上买东西一样，可能需要一个盒子，几万个快递的话，就需要几万个盒子。

（二）准备好库存

库存会在很大程度上影响代理，比如，我们原本是做定制的，往往没有库存，最多就是几个样本，所以，在决定招分销商的时候，就需要准备好库存。

（三）需要更多的产品

比如，原本是加工鞋带的，现在变成了卖鞋，那么，我们就得有完整的鞋，而且以后都要走成品路线；也许以前生产杯子，但为了更好的销售，现在要做成套装，这个时候就需要更多的产品。

（四）需要有人手

为什么需要有人手呢？因为要发货，我有一个学员本来做服装加工，后来想招分销商，于是，所有的技术人员都变成了发货员。做一件代发会涉及到很多问题，比如退货率，后来，我的这个学员放弃了，继续做加工，而且做得非常好。

现在有很多人做一件代发，特别是很多档口和品牌商，如果你有实体店铺，就一定要做一件代发，招了分销商，有人帮我们销售，我们只需要发货即可。如果你的亲戚朋友有实体店，你可以帮他做好网络，然后发货即可，无论位置多么偏的实体店，做好网络都能获得很多流量。

另外，做品牌的商家，也会招代理，但他们不是一件代发，有可能招实体店代理，选择阿里这个平台也是很好的。我认识一个人，他在阿里上招奶茶店代理，做得也很好，当然这些代理是需要交代理费的，仅代理费这一项就赚不少。

二、一件代发，可自动分账，自动赚钱

现在阿里越来越完善，不管是卖家，还是买家，阿里都给其提供了很大的方便，无需进货，也无需花太多的钱，就能买卖商品，如一件代发，就可以做到自动分线，自动赚钱。

在很早以前，我们要开一个淘宝店，需要自己进货，然后买一部相机，将产品拍好照片，上传到平台，还要自己发货。

之后，阿里平台进行了改进，我们在阿里巴巴平台招代理，然后找阿里商家要图片，客户拍了商品之后，我们就去拍阿里商家的货，再让阿里商家发货，客户确认收款之后，我们就可以确认收款，过程比较复杂。

不久后，阿里平台又完善了一些，客户拍了商品，我们直接给阿里商家货款，让他们直接发货即可。

现在阿里又进步了，因为阿里的一件代发主要针对淘宝店主，现在开一个淘宝店，既不要店主进货，也不需要拍照，直接申请一件代发，然后就可以一键上传。

我们不需要在客户拍下商品后，自己先垫钱，再找阿里的商家发货，而是在客户拍下之后，阿里的供应商直接发货，等客户确认收货了，我们就能拿到收益，阿里的商家也可以同时拿到阿里发货的钱，等于是自动分账，自动赚钱。不过，这只是在阿里的代销市场，我们只要申请即可。

另外，售后的职责也很清楚，如果阿里的供应商没有发货，只要客户申请，淘宝的卖家同意，阿里的供应商就会自动取消，如已经发货，而淘宝卖家同意了，那么，淘宝的卖家只要手动就可以取消。

关于做一件代发频道，我谈两点内容：首先，如果有机会尽量加入这个频道，尤其是档口货源与实力商家，因为档口与实力买家会有专门的频道，专门的主推，因此流量很大。

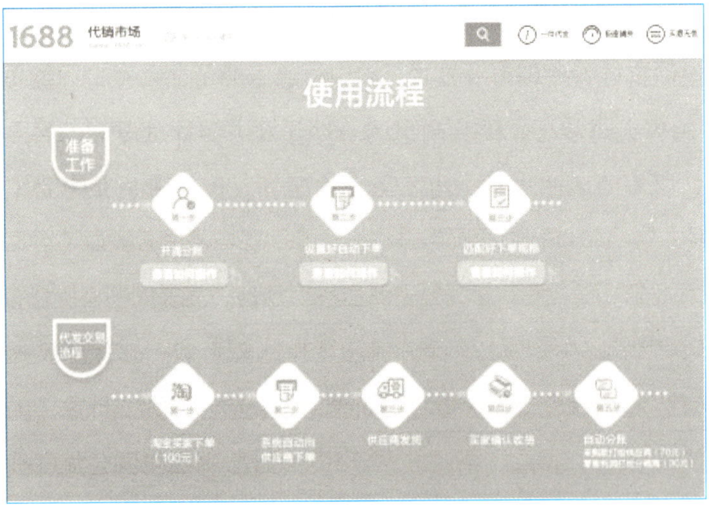

其次，要做就要努力做到专业，争取做到最好。一旦你确定了方向，就要把所有的资源倾斜到这里，从而把一件代发做到极致。比如，你可以每天在QQ、微信上发代理信息，就有可能找到很多代理；我们店铺的描述、装修也要围绕着一件代发来做。等到流程越来越熟悉，代理的人越来越多的时候，就会越来越自动化了。

值得一提的是，在一件代发的频道中还有一个每日牛商的内容，每天招代理最多的，而且回头率较好的代理都会展现出来，所以，每个代理都会很用心地去做。那些做得好的代理也许推广方法很好，也许技术很好，但最了解产品的还是我们自己，包括产品的相关知识，产品的优点特点，产品的售后，以及企业文化等都十分清楚，建议大家把这些相关内容都做成文档，做成视频，让更多的人看到，让代理销售得更好，有更多的回头率，我们的生意才会更好。

Part8

伙拼

一、伙拼是阿里一个很重要的活动

在阿里巴巴平台有一个重要的活动——伙拼，这与“聚划算”类似，即在最短的时间内销售大量的商品。也许阿里上的其他活动你没有参加，但伙拼一定要参加。

为什么一定要参加伙拼呢？其原因主要表现在以下三个方面：

（一）参加伙拼的商品在30天之内价格最低

某款商品在销售的30天之内，价格是最低的，而且参加伙拼结束的一个月之内，价格都不能比伙拼时候的价格低，因此，能大大促进客户下单，提高销量。

（二）伙拼能带来较大流量

伙拼一直在阿里巴巴上占据着最主要的位置，很多客户都是冲着伙拼而来，就像不少人经常在淘宝上逛，寻找便宜货一样，只不过这是批发，特别适合那些开批发店、超市，或者出口、送礼品的客户。

（三）享受包邮和15天包换的优惠

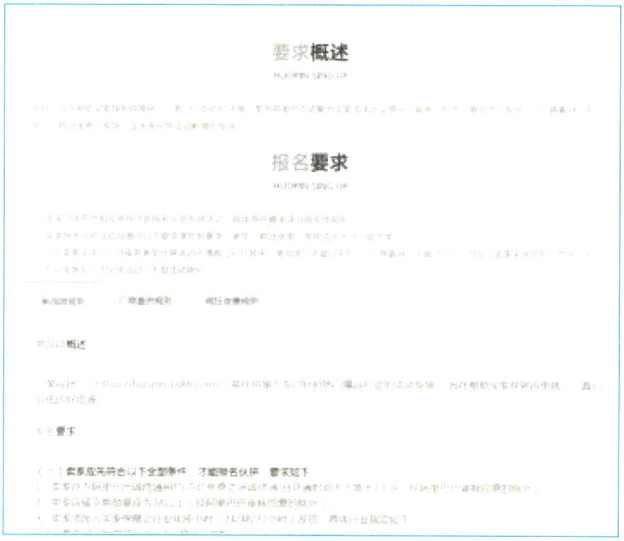

伙拼虽然是个非常好的活动，但并不是所有的商家都能参加，是有一定门槛的。伙拼是一个较大的频道，主要有单品团、出厂家直供、疯狂夜惠。

单品团报名的主要规则是，诚信通要开通3个月以上，交易勋章要达到3A，当然，还会有其他一些要求，但不难达到。比如销售女装的店铺，要求近30天的卖家数要大于等于5个，近30天的销售量要大于等于50件，起批量为2件，最低价格为30元，折扣不能高于88折。

厂家直供则是针对实力商家的生产厂家，以及品牌商。不管阿里有怎样的规则，我们只需按照它的要求去做即可。毫无疑问，阿里的每一个功能肯定都是加分的，所以，我们要尽量多参加阿里的活动，符合活动要求的一定要报名参加，不符合活动要求也要试着争取一下。

（二）产品须满足以下条件才能报名，要求如下：

1、报名的产品价格须低于近一个月店铺成交最低价（阿里巴巴组织的大型促销活动的价格除外）；

2、报名产品的库存数量及产品销量须符合相关品类要求；

行业	供应商等级	近30天买家数	近30天销售件数	起批量	备货货值	折扣要求	价格要求	是否包物流	发货时间
女装	3A及以上	≥5	≥50	≥2	10万及以上	不高于8.8折	30天最低价	必须包物流	付款后48小时
童装	3A及以上	≥5	≥50	≥3	10万及以上	不高于8.8折	30天最低价	必须包物流	付款后48小时
男装	3A及以上	≥5	≥50	≥3	10万及以上	不高于8.5折	30天最低价	必须包物流	付款后48小时
内衣	3A及以上	≥10	≥100	≥3	10万及以上	不高于9折	30天最低价	必须包物流	付款后48小时
鞋靴	3A及以上	≥5	≥30	≥2	10万及以上	不高于9折	30天最低价	建议包物流	付款后48小时

伙拼不仅能帮助我们提高产品的销量，还能提升品牌的效果，因为每次伙拼，在阿里上都会显示出来，此时正是做推广的好时候，把链接发给老客户，对于想进货的客户就是一次很好的机会，我们自己也能在最短的时间内销售出大量的商品。

我们参加阿里的伙拼活动，可以把相关截图保存，告诉别人某款产品在伙拼的时候销量是多么的好，这对于提高品牌的信任度、品牌高度都大有好处。

二、参加活动可以赚到钱，还可以赚到客户

因为阿里巴巴的流量很大，因此，它的每一个频道都能成就很多企业。

我认识一个朋友，他在阿里上注册了三家公司，轮流上伙拼，一年的销量高达几千万。

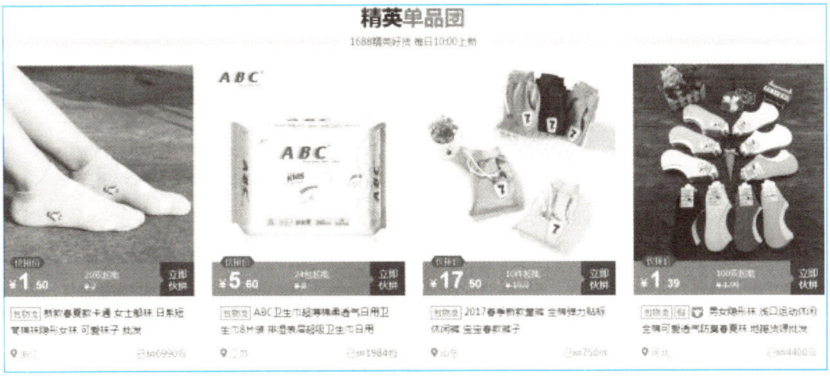

那么，对于商家来说，参加伙拼有哪些好处呢？又该怎么参加伙拼活动呢？这是很多商家都关心的问题。

（一）参加伙拼的好处

对商家来说，参加伙拼有四大好处：一是相当于做活动，给客户最优惠的价格；二是在很短的时间内清库存；三是可以赚得盆满钵满，且赢得更多客户；四是带来品牌效应。

1.相当于做活动，给客户最优惠的价格

很多商家都想举办活动，目的是给老客户带来优惠，又能吸引来新的客户，但是该怎么举办活动呢？这个问题难倒了不少商家，现在阿里举办了伙拼的活动，就能解决商家的烦恼，既激活了老客户，也让商家获得了宣传的机会，并吸引来新的客户，可谓是一举三得。

2.在很短的时间内清库存

只要是做批发的商家，一般都有大量的库存，比如，某个产品积压很多，这个问题在平常的时候不是很好解决，但赶上阿里的伙拼活动，解决起来就容易多了，说不定所有的库存在一天之内就可以全部销售出去。

3.可以赚得盆满钵满，且赢得更多客户

与C类企业不一样，B类企业最重要的价值是品牌价值与老客户。我有一个学员销售保健器材，他的产品很贵，他不敢将商品上传到阿里平台，担心没有人买，我告诉他一定要上阿里平台，因为这里会有很多流量，结果还真的销售出去了，虽然销量不大，但流量很大，之后，他在店铺里又做了流量转化，现在很多人都找他下单。

4.带来品牌效应

一些店铺原本都很普通，因为参加过伙拼，带来了不小的销量，并将截图保存了下来，之后，虽然没有再上伙拼，但客户能够看到截图，就能在一定程度上实现转化，这就是品牌的背书，从而使这些店铺在同行中脱颖而出。

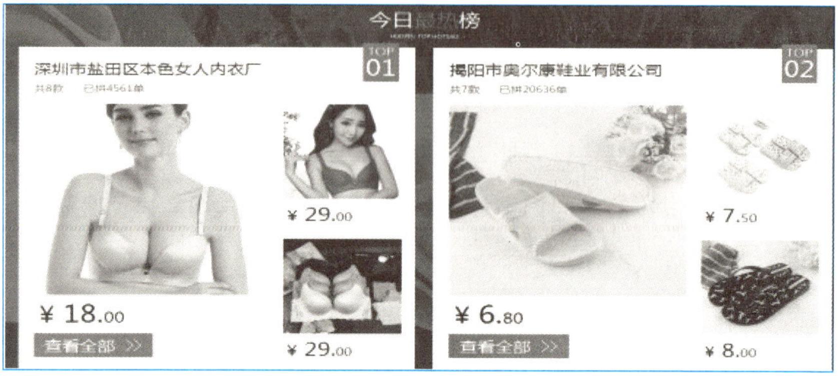

（二）如何做伙拼

伙拼活动既然如此好，那么，我们该怎么做呢？主要做好三点工作：

第一，努力配合阿里做更多推广

上活动之前，我们就要做好宣传，把链接发给更多的老客户，而不是什么都不做，直接等上线。阿里有规定，到当天下午两点的时候，如果还没有成交，阿里就有权利让你退出活动，若当天下午四点的时候，成交额没超过1万，阿里也有权利让你退出活动，所以，我们要努力做推广，下次申请参加元活动也容易通过阿里的审核。

第二，宣传品牌，做好突出点

宣传品牌，除了宣传品牌方向，还应做好突出点，即把优势第一时间展示出来，将我们的特点、优点都写在图片上，这样客户一眼就能看到。

第三，做好引导，增加销量，留住用户

参加伙拼活动，赚到钱只是一方面，比起赚钱更为重要的是客户，客户的价值是不可估量的，因为客户不只是进一次货，而且每次进货也有可能不只是一种产品。他们在购买商品时，会看详情，看描述里相关联的产品。以销售水果的商家为例，客户原本只想买苹果，但看过旺铺之后，发现橘子也不错，又购买了一些橘子。因此，我们要将产品信息尽可能地展现在客户面前。

此外，还要引导客户添加联系方式，哪怕这次没有购买，也为下次成交奠定了基础，如果客户没有添加联系方式，那就在我们发货的时候放上店铺资料吧。有不少客户会选择试单，效果好的话，就会大量进货。

Part9

阿里直播

一、做直播，提高品牌价值

当下直播非常火，甚至比某些明星都要火，直播可以有很多不同的形式，以普通的直播为例，若在直播中推一个产品，就能带来很好的销量。现在阿里巴巴也顺势而为，开通了自己的直播，所以，我们也可以做直播了。

先来说一说如何报名直播，不只是直播，阿里的很多活动都在这里，即打开我的阿里，找到服务搜专场活动，所有的活动都会显示出来，包括直播当中的主播报名。其实，报名的入口有很多，只不过这是最简单、最清楚的入口。那么，参加直播有哪些好处呢？

关于这个直播的好处，我说几点，这个也是我们为什么一定要做的。

（一）因首页推荐会获得很多流量

一般直播都会在阿里巴巴手机端推荐，一打开阿里巴巴就能看见，在直播的时候，又可以直达店铺，因此，我们的店铺自然会获得很多流量，因首页推荐的流量很大，这么好的机会当然不能错过了。

（二）提高产品销量

阿里直播与其他平台的直播不一样，是不能聊天的，只能展示公司和产品，所以，它肯定会带来很大的销量，也许不一定有人会买钢材、买桌子，但日用品、生活的必需品、零食，还是会有很多人购买的。

（三）与客户近距离接触

其实，我的学员都会自己录制视频，而且本人也会出现在视频里，有了阿里直播，就更方便了，可以直接介绍产品。如销售女装的店主，会直接将女装穿在身上，销售童装的店主，可以找几个小孩一起来录视频，客户既看到了产品，又看到了店主，比录制视频的效果更好。

（四）提高品牌知名度

我有一个卖蜂蜜的朋友，他在阿里上做直播，为了做好直播，他专门做了背景。其实，对于他来说，卖多卖少根本不重要，重要的是借助直播做宣传，让新老客户都知道他上了阿里巴巴的直播，这等于他登上了一个好的平台。

参加阿里的直播，代表着一种标志，就像上央视一样，不是所有的企业都能有这样的机会，且不论效果怎么样，至少赢得了他人的信赖和敬佩。

卖蜂蜜的朋友上阿里巴巴直播，意在提高品牌价值，虽然阿里巴巴上卖蜂蜜的有很多家，但是能上直播的却很少，对比之下，品牌价值就凸显出来了。

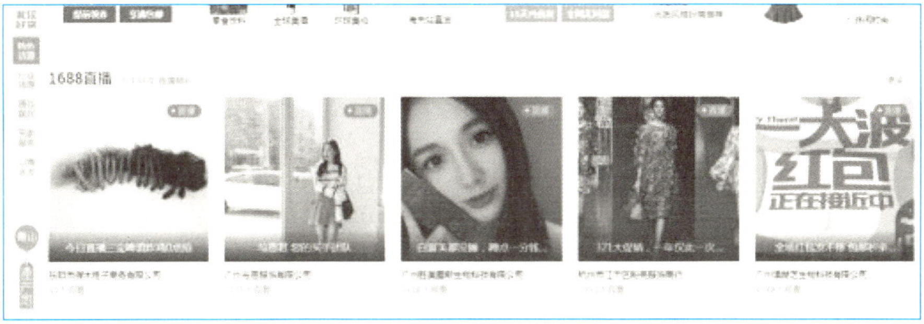

一个普通人若没有上过大的舞台，他的身价可能很一般，但若有机会登上了大的平台，身价就会陡增，这就是品牌价值，这也就不难理解为什么那么多的公司都要上央视，都要请明星代言。我们上阿里直播，就等于阿里直播在帮我们代言，阿里巴巴在帮我们代言，这才是直播的最重要目的。

二、每次直播都可以让更多人参与

有些人认为做阿里直播不容易，因为不知道怎么去做直播，不知道要不要化妆美颜，不知道去哪里报名等等，也有些人认为直播很简单，只要有阿里APP就可以，正所谓难者不会，会者不难。但不管怎样，做好充分的准备都是必要的，那么，做阿里直播前，我们应该做好哪些准备呢？

（一）准备好要讲的内容，备好提示板

这与我们上电视做演讲差不多，难免会出现忘词断片，准备一个提示板，就能在关键时候提醒我们该说什么，在上直播之前，最好能提前演练几次，达到熟练的程度，直播的时候就不会出现纰漏了。

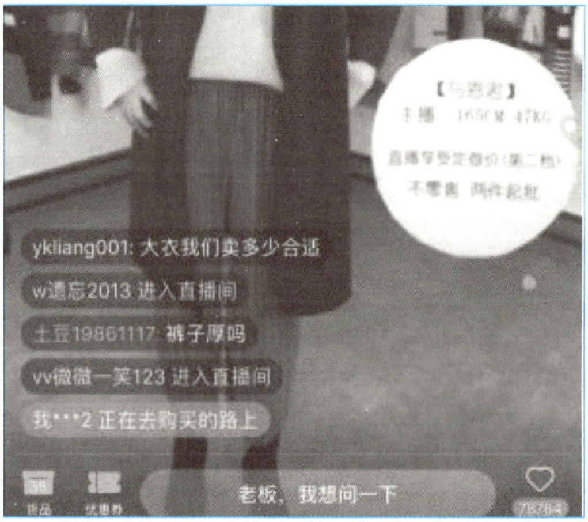

（二）准备好产品，最好能配上背景与模特

准备的产品数量要大，将产品集中放在一起，比如直播蜂蜜，就应该将公司里的蜂蜜集中在一起，目的是使产品更上镜。至于背景，最好做一个较大的板，并体现出品牌。模特是为了更好地衬托产品，比如卖服装的店家，做直播时，就可以请模特穿上自家的衣服，进行展示。

（三）设置好优惠券与秒杀的产品

直播的时候，一般都会有优惠券与秒杀产品，若是高级直播，还会要求当天卖出多少产品，所以，我们要用最好卖的产品做促销，比如，规定优惠券必须当天使用，这就可以促使客户在看直播的时候直接点击到达旺铺，下单购买。另外，切记秒杀的产品一定要提前上架。

（四）准备夹子

直播时放二维码一定不好使，因为客户用手机看直播的时候，一般很少会再拿一个手机去扫二维码，此时多用夹子，夹在直播的面前。比如，产品重量多少，大小多少，价格多少，还可以介绍使用产品的模特，其身高体重情况，如果我们直接说出来，恐怕有些人会听不清，不妨用夹子夹住。

（五）能随时移动的手机支架与大灯

如果只在一个平台做直播，有一部手机即可，但如果多个平台同时直播，我们就需要准备多部手机，将其放在支架上。此外，做直播时，一定要化妆，衣服穿得得体、大气一些，与直播主题相符，再有灯光也很重要，直播时最好不要有背影，而且画面要明亮，这就需要适量的补光大灯。

（六）直播前后要进行宣传

每次参加阿里活动，都是展示自己的机会，所以，我们要通知我们的用户，在直播之前就应开始宣传，才能让他们有兴趣来看，即便是不来看，起码要让他们知道有这样一个活动。直播之后，依然要做宣传，并对直播进行总结，将我们的总结情况发帖给客户。

（七）直播时候记得拍照

直播是店铺做宣传推广、做品牌的最好素材，我们将直播的情况拍成照片，放在旺铺上，都是品牌高度的标志，因此，每次活动都要拍照，并用文字进行记录。

因在直播时，我们不能留QQ、微信，所以，我们要引导客户下单，拿出最适合大众的产品，以便更好地赢得客户。再有，我们要始终明确，做直播是为了做品牌，所以，每个动作都要能反映出品牌的形象，直播前努力宣传，直播后认真总结，然后将其展示给客户。

Part10

微商进货

一、很多微商都会来阿里进货

我认为做阿里巴巴的人是最先感受到商机的一群人，比如，微商刚开始起来的时候，就有很多微商来阿里进货，有些微商会问：“我在微信上销售，能不能不进货，直接代理？你们给我提供图片就好。”于是，不少做阿里的人在标题上加上了微商代理、微商代理细则。

我有一个学员做高端女鞋，她虽然自己生产，但工人不多，唯一的优势是坚持做质量最好的女鞋，因质量好，很多人争相做代理，这不仅让她盈利，还让她的代理赚了不少，这就是合作双赢。

还有一个学员在广州帮人加工化妆品，如面膜、洗面奶等，后来因朋友圈的面膜火了，不少人在阿里找到他的加工厂，他帮人做面膜盈利，不仅如此，他自己还研制了一款面膜，做起了微商，抓住了微商的风口，自然是狠狠地大赚了一笔。

不管是线上还是线下，只要找产品货源，大多数人第一时间想到的就是阿里巴巴，现在越来越多的微商会来阿里巴巴进货，我们该如何抓住这个机会呢？

首先，明确地说明招微商代理或帮微商加工，微商来到阿里巴巴，就无需再询问，当然，整个店铺做微商代理比较难，但一定要在一些产品的标题上、在店招上、在产品分类上、在说明上，要有关键词微商，还有将帮微商加工、帮淘品牌加工的内容也要写上。

其次，将招微商代理这件事做得更专业，假如我们有50种产品，也许对微商来说，适合销售的、利润高的就3种产品，那么，我们就应分开说明。另外，微商通常要在朋友圈发一些唯美的照片，我们也应将其整理好发给他。

第三，做好一条龙服务，做微商的有很多是宝妈，在朋友圈卖货赚取差价，她们有可能代发，也有可能进货，自己再发货，所以，我们要将包装、产品、快递都做好，这样她们就可以直接下单，或者回去自己包装一下就能发货，而不能让她们自己生产袋子。

其实，不管产生怎样的商业模式，阿里作为B2B市场都有很大机会，因为阿里是源头，客户不管是批发，还是定制，都会来阿里，这个平台让每一个商家都有了很大的发展空间。

二、在阿里招代理商的技巧

网络营销的形式有很多种，比如博客营销、论坛营销、自媒体营销等等，但对于做阿里的人来说，切勿本末倒置，先做好阿里才是最重要的。因为阿里始终在追随着市场，当微商火起来的时候，阿里就推出了微商进货，还专门开发了一个采源保的APP，在阿里巴巴的首页导航栏中都会有微商进货的标志，即微供市场，这是一个专注社交电商的货源市场。

微供市场是一个更好的招募微商的平台，它是一个专门的平台，只要做好这个频道，那就可以招到不少微商。这里所说的微商并不一定是只用微信做微商，还可以是借助微博、陌陌等工具做微商的。

加入阿里巴巴的微供市场有三大好处，一是有海量的流量支持；二是有1688的背书；三是有专业代理分销工具，效率更高。

以前招微商代理的流程很麻烦，过程很繁琐，现在只要开通阿里巴巴的采源保，微商代理就可以一键分享到朋友圈，分享到微博，客户保存了图片，复制了信息，有需要的时候，就可以直接与微商代理联系，待客户付款之后，微商代理商只要将客户的地址填好，直接下单即可，然后我们就会直

接帮微商代理商发货。

那么，什么样的行业，什么样的产品，适合加入微供市场呢？从理论上讲所有的产品、所有的模式都适合做微商，但阿里有自己的规定，入驻需要一定的门槛，比如，要求开通诚宝，开通48小时发货。

招募微商的行业可以是食品、服装业、进口、生鲜等，这些都是微商比较喜欢的行业，也是微供市场主打的行业。那么，什么样的产品在微供市场上最受欢迎呢？主要有四大类产品，一是比较有特色的产品；二是价格最好在300元以内；三是看起来比较实惠的产品；四是最好会重复购买的产品。

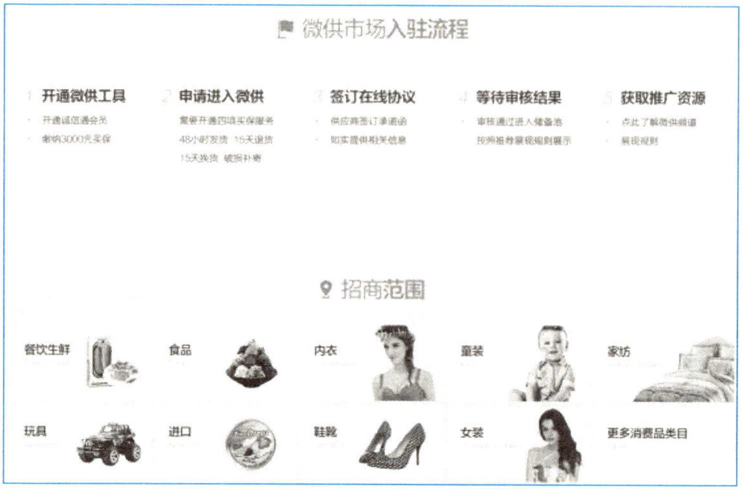

接下来，我来谈一谈如何给微商代理发货，这是很有讲究的，主要包括四点：一是发货前，最好先与代理确认一下地址写得对不对，内容写得对不对；二是包装箱上不能有我们自己的联系方式，不然客户就会直接找我们要货；三是包装内不能出现产品清单、代理价格、供应商信息；四是不能出现影响微商代理的信息。

建议大家最好拿出一个单独的产品做微商代理，标价高一些，代理的价格则低一些，给微商代理留出足够的利润空间。

对于我们来说，一定要做好阿里，做好源头，将其做到极致，才会有更多的人来代理我们的产品，让代理商赚到钱，就是让我们自己赚到钱。

三、不需要进货压货也可以做微商

有很多朋友有做微商的打算，但不想有进货的麻烦，又担心压货，有了阿里巴巴的采源宝，就可以解决大家的这两个顾虑，只要代理阿里巴巴平台上的产品，就可以一键分享到朋友圈，分享到微博，分享给好友，而价格却可以由微商自己定，当客户购买产品时，可以直接打钱给微商，微商直接下单即可。

为什么要做采源宝呢？这是由采源宝的优点决定的，它主要有四大优点，具体内容如下：

（一）阿里会对每个进入微供市场的企业进行审核

阿里规定商家“48小时发货，15天退货，15天换货，破损补寄”，这给微商提供了很大的保障，而微商所要进货的商家都是在阿里巴巴上注册的企业，都是正规的企业，产品质量上绝对有保障，不用担心遇到假货欺骗行为。

（二）平台上款式多，行业多

虽然在这个平台上有各种各样的行业，但我建议只做一个行业，选择做童装，就一直卖童装；选择做女装，就一直专注女装，这样客户才知道你卖的是什么，才会找你拿货，才能招更多的代理。

（三）打开采源宝APP，分享即可，操作简单

每天发产品的时候，只要打开采源宝APP，分享即可，商家会给微商提供图片，微商可以直接下单，还能复制文字说明，直接编辑即可，如果有客户看中了图片上的商品，他会询问价格，将钱打给微商，微商在采源宝下单。

（四）采源宝的商家不能抢客户

阿里规定采源宝的商家是不能抢客户的，在平台上也不会有厂家的联系方式，如，不允许放名片，不允许有产品的价格等，所以不会出现抢单的情况。做微商的商家如果想加上自己的名片或者联系方式，只要与厂家说明，而且厂家愿意配合，就可以放上联系方式。

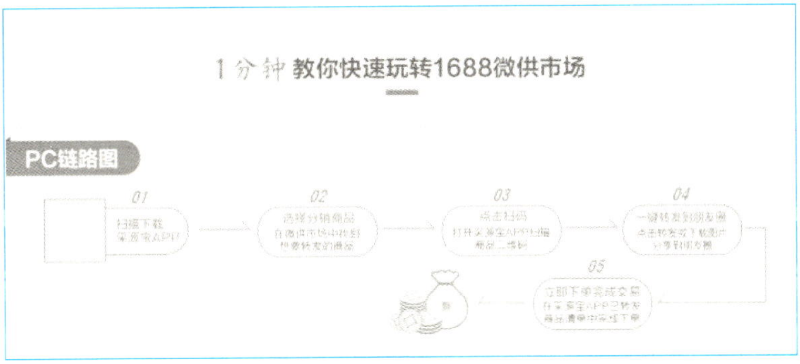

接下来，说一说去哪里下载采源宝APP，不管是安卓手机，还是苹果手机，都可以直接下载。注册之后，用淘宝账号或者1688账号登录，也可以重新注册，但注册之后要绑定支付宝，因采源宝是私密的进货平台，登录之后若没有代理商家，里面的内容就是空的。此时，可以通过手机阿里巴巴APP微供市场寻找合适的供应商并关注，只要进入阿里巴巴APP，进入微商代发，就可以转发卖货。

另外，还有一种方法，是我比较推崇的，在电脑上打开1688网站，进入微商进货，因我们只要代理，拿起采源宝APP，直接扫一扫即可。

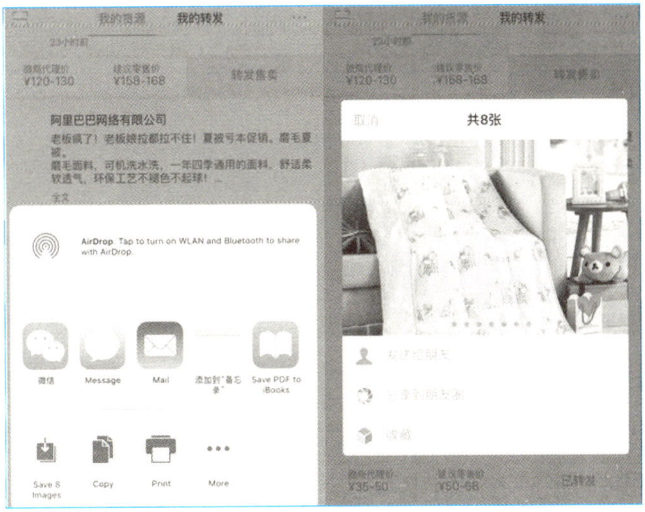

当我们将采源宝上商家产品素材，如图片、产品介绍转发微博时，因微博的限制，9张图会直接变成长图发出去，而内容包括规格、大小，都会自己显示，我们只要编辑一下即可；发微信、发朋友圈可以实现一键转发，文字也是复制、编辑好，点击发布即可；若转发给个人，9张图会直接发出去，我们再编辑发送。有客户下单，我们可以直接进采源宝APP，填写地址付款，就完成了。

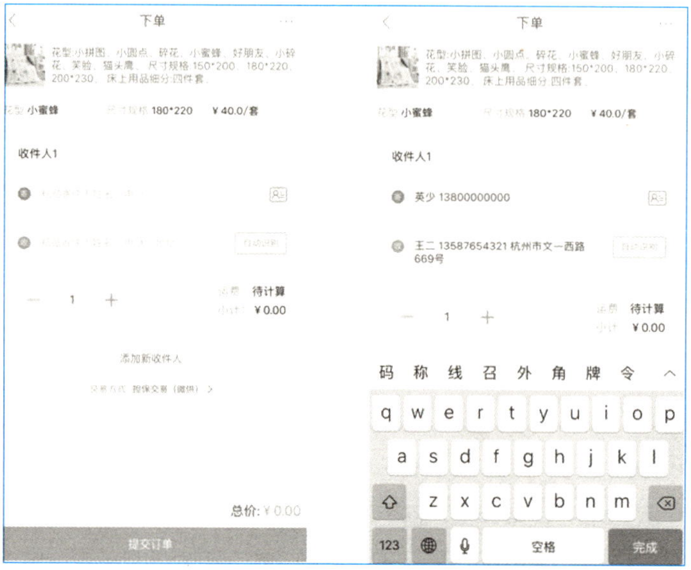

Part11

进口货源

一、有好渠道，就卖进口货源

在阿里巴巴平台，不管竞争多么激烈，但肯定还会有一个很大的蓝海——进口，只不过它需要一定资源。

我有一个朋友因有海外资源，便代理了一款产品，在阿里平台上销售，虽然产品品种不多，但因是进口货，订单还是蛮多的，有的客户一年就要找他进几十万的货，因利润较高，一年能有这样几个客户就可以让生意做得很好了。

我还有一个朋友做代购，产品质量非常棒，起初他一直帮朋友代购，后来，他让朋友在中国注册了公司，直接代理国外的产品，利润自然就高一些，最主要的是，公司的供货稳定，不需要等待太久才能拿到货，他的产品主要销售给朋友和线下实体店。我建议他做阿里，市场一下子就打开了，销量大增。

通过这两个例子，可以看出有好渠道，卖进口货源，也会大有市场，可是，国外的产品那么多，引进什么样的产品在国内最好卖呢？当然，对于有能力有资源的人来说，什么样的产品都有市场，都好卖，但对于那些刚开始做进口货源的人来说，应尽量按照阿里平台的规则来寻找产品。

打开阿里进口货源的频道，我们可以看到休闲食品、酒水饮料、民生餐饮、美妆个护、家居百货、母婴童玩、进口进料七大内容。

以休闲食品为例，又包括进口饼干、进口冲调、进口果冻等，再细分下去，还可以分出很多，这些都是阿里巴巴上比较畅销的产品，我们可以按照这个类目进行寻找，这样找起来速度会是最快的，而且也是最符合阿里市场的，符合市场，阿里才会主推，我们只要按照它的规则来做就可以了。

再来说一说产品的定位，在阿里巴巴有一个进口IN选，通常IN是时尚与流行的代名词，在进口IN选这个频道上，IN代表着洋气、品质，高利润的进口好货。阿里上的IN认证代表着百里挑一，严格精选来自国内外一线知名商超供货商、海外品牌总代、海关特管区进口商、知名进口批发商以及知名网商，百分百严格认证，让优质的货源更有保证，品质背书值得信赖。

因此，我们在选择产品时，一定要记得按照阿里的规则来，尤其是质量好、利润相对比较高的产品，比如海外品牌总代，这样我们才能获得最大的收获，在阿里上不管是上伙拼，还是一件代发，或者微供，都会非常有优势，而我们的产品定位准确，又很容易通过阿里的认证。

总之，进口货源在较长的一段时间里，还是一片蓝海，建议有资源的朋友可以尝试做一做。

二、加入进口货源会带来更多流量

朋友做代购生意，我建议他注册一个公司，然后加入阿里巴巴诚信通，再通过进口的认证。朋友不以为然，他认为多数人都知道他的产品是国外引进来的，没必要做那些繁琐的工作，其实不然，要想做大，一定要有一个可以信赖的第三方认证。后来，在我再三建议下，朋友按照我说的去做了。

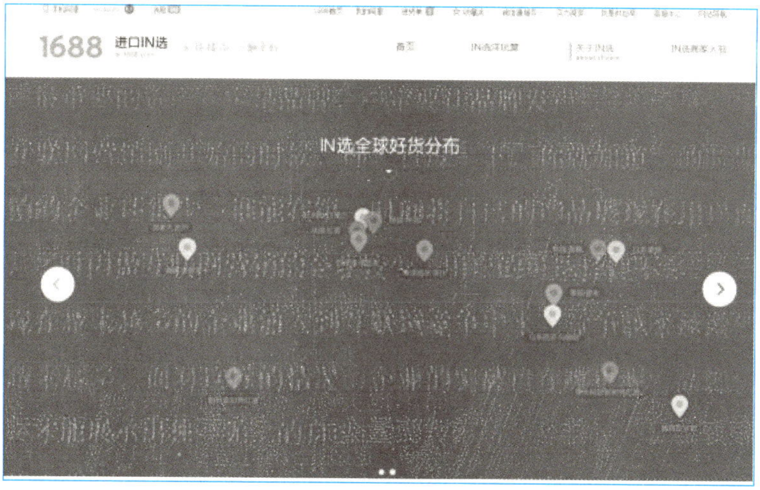

现在，朋友很感谢我，使他在阿里巴巴这个平台接到了很多订单，有不少是通过搜索找到他的，但我认为朋友还可以做得更大，因为阿里的很多功能还没用，于是，我建议他做得更专业一些，国内的产品尽量不要卖了，一定要加入进口货源，最好能加入IN认证。因为这不仅会增加他的流量，还能大大提高转化率和品牌度。

认证之后，店铺上就可以有进口的标志，因为他是代理品牌，所以，一打开他的旺铺，就会显示海外品牌中国总代。另外，他的产品还能加入一件代发、微供、伙拼，自然会给他带来很多自然流量，并且在很多页面都会显示他的信息，因为做得好，得到了阿里的推荐，使他的生意愈发红火。

其实，加入进口货源，通过IN认证，就与加入产业带、加入一件代发、加入快订一样，会给我们带来更多的流量与展示，尤其是当我们做得很好的时候。不过，每家企业的方向不一样，很显然，做定制的企业加入一件代发，肯定是不合适的，但阿里的成长空间很大，它的功能很多，不管选择做哪一个功能，只要把它做好，都能给我们带来大生意。

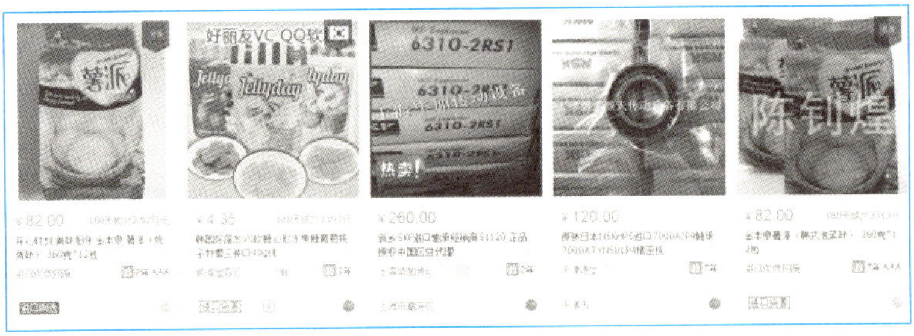

再来说说我这个做代购生意的朋友，未加入阿里巴巴的进口货源之前，客户直接把钱打给他，多少都会有些不放心，现在有了平台的保障，客户就

非常信任他了，以前他通过朋友圈宣传自己的产品，那些想大量采购的客户往往担心他没有货，现在只要打开他的阿里旺铺，一切信息都会显示出来了，生意肯定是好得不得了了。

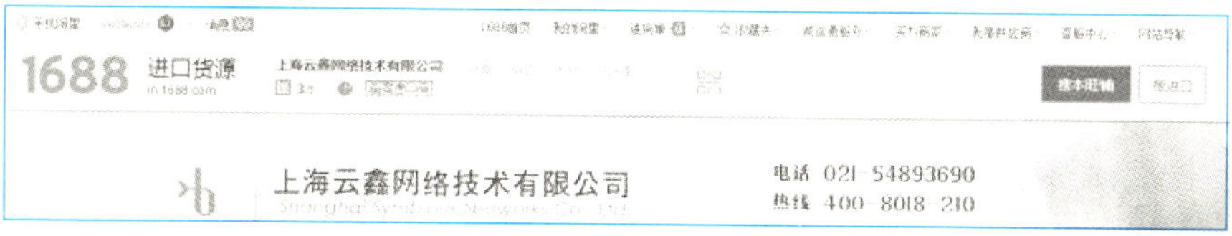

可能有些人对IN认证并不十分感兴趣，这就像是毕业证书，它代表你通过了阿里巴巴的IN认证，代表产品是信得过的，说到底这就是品牌建设，品牌建设看不见摸不着，但价值却不可估量，可口可乐前董事长伍德鲁夫有一句名言：“假如我的工厂被大火毁灭，假如遭遇到世界金融风暴，但只要有可口可乐的品牌，第二天我又将重新站起。”这就是品牌价值，因为大家相信他，都认准了可口可乐的产品，就等于他有很多流量。

淘工厂

一、在阿里平台帮助工厂接加工订单

在阿里巴巴平台，有一个我最喜欢也是我一直提倡的赚钱模式，就是帮助工厂接加工订单，有些在家带宝宝的妈妈，采用这个赚钱模式，一年都能赚几十万。

什么是帮公司接加工订单呢？现在有很多加工厂接不到订单，或者接不到好单，那么，我们就充当公司业务员的角色，帮公司接加工订单，我们可以自己注册工厂，也可以用加工厂的执照来接订单。

我为什么钟情这种赚钱模式呢？因为它具有其他模式无法比拟的优势，这种优势主要表现在五个方面：

（一）帮助加工厂接订单，心里压力小

有时候甘当配角，做绿叶，而不当红花，也很潇洒，如果我们自己创业，压力一定会很大，而且很容易失败，如果帮助加工厂接订单，就不会有那么大的压力，甚至不需要辞职，边工作边帮人接单都可以。

（二）不需要经常发货，最多邮寄样品

经常发货是非常令人头疼的一件事，尤其是带孩子的妈妈，也不可能天天发货，若做一件代发，就必须每天都发货，又要包装，又要库存，还需要

人手帮忙，但这种模式就可以省去所有的繁琐细节，最多邮寄样品即可。

（三）老客户会反复下单

一般加工订单的客户，只要对价格满意，对质量满意，对速度满意，是不会轻易更换合作伙伴的。换来换去，时间成本太大，还需要长时间的沟通磨合，所以，老客户比较固定，他们会反复下单。

（四）利润大

大家千万不要觉得定制麻烦，有时候一个订单就需要10万件，哪怕一件赚一块钱，都是一笔不小的收入，而我们又不需要操太多心，工厂来生产，我们只管在阿里上接单即可。

（五）工厂多，机会大

不管在哪个地方，都会有很多工厂，所以我们不用担心做不成业务，如果在产业带，可以直接找厂家去谈，谈成了，就可以开始做了。

当然，每个模式都有其优点，也有其缺点，再加上每个人的性格和做事风格不一样，不一定非要按照我说的赚钱模式来，不管采用哪一种模式，适合自己的就是最好的。

需要提醒大家的是，接加工订单不能说做就能做，它有三个方面要求：一是离工厂近，不管是看生产流程，还是客户上门看厂，抑或邮递样品，距离都不能太远；二是懂产品知识，不懂就花时间好好学一学，仅看资料是不够的，最好能下车间，与师傅、工人在一起交流学习，记住一定要拍照片；三是懂设计，因为定制的客户一般都会给样品，或者直接发个图片过来，若不懂设计，又要与工厂沟通很麻烦。

另外，我们要非常热爱自己的产品，因为热爱，我们才会一直专注；因为热爱，我们才会努力做到最好；因为热爱，我们会一直坚持下去，当你坚持十年二十年，而且每天都在进步，一定会有所大成。

二、厂家专注做淘工厂频道

阿里巴巴是一个很大的平台，我们只要做好其中的某一个点，就能让我们做得足够久，收获足够多，淘工厂就是这样一个地方。有些人注册阿里，只接加工订单，仅淘工厂这一个频道就能接到很多订单。

那么，一家企业加入淘工厂为什么会有很多的订单，会有很多的流量与转化呢？原因有三点：

第一，淘工厂的标志让他增加了转化率

企业加入淘工厂后，店铺上就会出现淘工厂的标志，客户在进行搜索的时候，就能看到店铺上的淘工厂的标志，这个标志说明这个工厂是有一定实力的，从而促成客户下单。

第二，带来流量

淘工厂是一个专门的频道，在首页就能看到，很多做淘宝、小量定制的客户，都会从阿里巴巴的首页点击进入淘工厂，然后在里面选择合适的工厂。如果企业能得到阿里的推荐，在阿里的首页就能看到，肯定会带来不少的流量。

第三，排名与定向推送

企业加入淘工厂之后，阿里就会将加入淘工厂的企业排在前面，使客户能在第一时间看到，相比于那些没有加入淘工厂的企业来说，流量肯定会更大。另外，当淘工厂的级别达到派单工厂与KA工厂时，还可以享受买家询盘的推送服务。

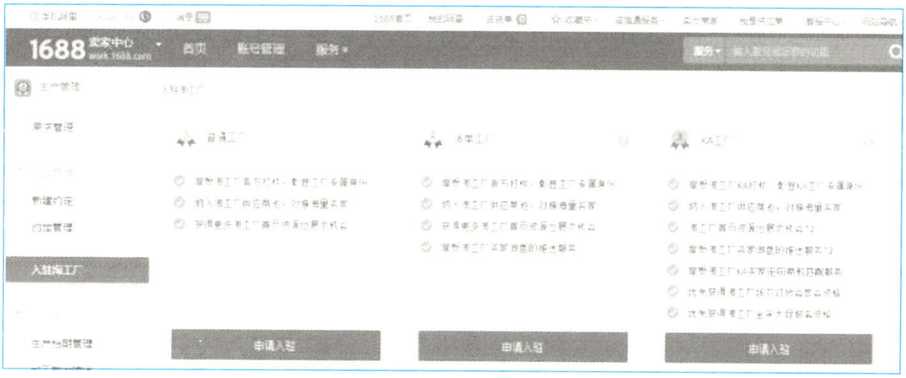

淘工厂有这么多的优势，若它与企业的定位又符合，那么，企业就应该尽量加入这个频道。我有一个学员，以前上班的时候，他们公司就做淘工厂，后来公司认为一件代发也可以赚不少钱，便做起了一件代发，虽然公司盈利了，但成长得比较慢，两个频道都做，而哪个也没有做好，最终，公司不得不割爱，选择专注淘工厂。我的这个学员从中看到了商机，辞了职，专门帮别人做淘工厂接单。由此可见，阿里的每个频道都会有很多企业，我们应该根据自己情况，选择经营模式，并将其做到极致。

不过，淘工厂不是对任何行业都开放，点开淘工厂，你会发现基本上都是服装行业，除此之外，还有箱包皮具、饰品、家纺家饰、美妆日化、玩具加工等，值得一提的是，这个频道只对诚信通会员开放。

我认为，如果企业做生产，接生产订单的业务，就应该加入淘工厂，不管是在流量上，还是在转化率上，都会对企业大有帮助。加入淘工厂之后，要努力配合阿里，每次的活动，每次的大促，都争取把淘工厂、店铺做到行业的最前面，从而使企业获得更多订单。

零售通

一、零售通，小梦想也有大未来

我有一个朋友卖筷子，做到了阿里巴巴的第一名，在他看来，阿里巴巴零售通将会是一个非常有潜力的频道，因为阿里巴巴链接着很多线下商店。

众所周知，阿里巴巴平台的流量非常大，厂家、公司又非常多，而线下却有很多小超市，他们可能依然选择从市场进货，如果让他们能够直接从阿里进货，岂不是更好？于是，阿里推出了零售通，零售通针对的是线下的零售商，如小超市、小零售店，他们定位为2～6线城市，以进口产品、非标日用品、特色生鲜农产品为主。

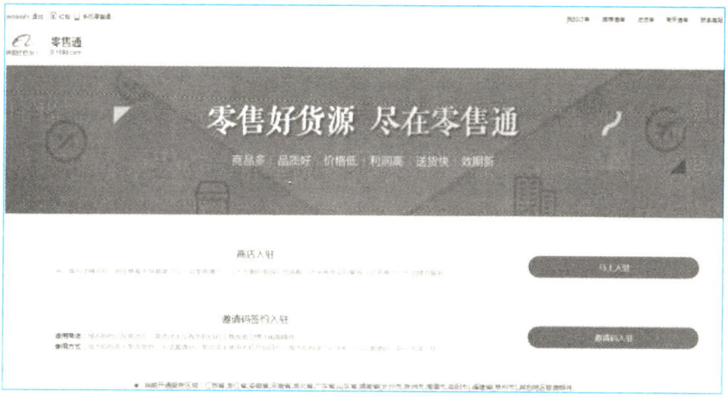

那么，零售通会给阿里巴巴商家带来怎样的好处呢？主要有三大好处，具体内容如下：

（一）增加很多销售渠道，铺设、覆盖更加偏远的地区

以销售进口食品为例，最初我们可能做的是代购，销售群体主要是身边的朋友，若在阿里巴巴上销售面对的是全国的客户，尤其是大中城市，客户可能会进货。但加入零售通之后，就能在很短的时间内铺向全国很多偏远的地区、实体店、零售店。若销量好，客户会多次进货，这对阿里巴巴的商家来说等于多了很多销售渠道。

（二）速度快

速度快，包括物流速度和产品的销售反馈速度，阿里平台有菜鸟物流，零售通上的货物由菜鸟物流发货，而它在各地都有固定的仓库，还有一些厂家直接发货，速度会比普通的物流要快很多。

另外，销售反馈也比以前快很多，一款产品好不好销售，上架半天就有可能知道了，一年的时间就有可能把所有的库存都销售掉。

（三）利润更大

因为商品能够直达最后一公里，即直达店铺，中间减少了很多环节，因此成本就会少很多，利润自然就大了，尤其是大量批发时，利润更加可观。总之，不管是从减少损耗，还是从提升速度效率来讲，利润都会较高。

零售通是一个非常具有潜力的大市场，因为线下有那么多上点，这对于做批发的阿里巴巴商家来说，绝对是一个大好机会。再者，当小超市、小商店等客户也加入到阿里巴巴平台时，必然会增加很多流量，阿里巴巴平台上的商家生意就会更好。

现在，零售通还处于起步、努力推广的阶段，此时加入零售通，势必会有很大优势，抓住这个机会，好好努力，定然会收获很多红利。

二、只要有小店，就可以通过零售通赚钱

零售通，市场巨大，机会多多，它可使三方收益，即入驻阿里巴巴平台的商家、线下开小店的人、城市的拍档。所谓城市拍档，就是链接阿里零售通与线下零售店的人，用于开拓市场，维护市场。

有很多人问我阿里巴巴平台上的商家如何入驻零售通，因现在零售通还属于定向招商入驻阶段，还不支持商家申请，但可以肯定的是，在不久的将来，商家就可以申请，如一件代发、伙拼一样。对零售通感兴趣的朋友，可以关注阿里的页面，一旦它接受申请，肯定会有相关消息，或者直接致电阿里巴巴客服，向他们咨询。

当然，到时候对于入驻零售通的商家，阿里巴巴肯定会有一些限制，比如资质，但不可否认的是，这绝对是一个很好的机会，建议大家还是争取第一批入驻，才能赢得红利。

据我所知，目前开通零售通的城市有江苏省、浙江省、安徽省、河南省、湖北省、广东省、山东省、湖南省（长沙市、株洲市、湘潭市、岳阳市）、福建省（泉州市），其他地区尚未开通。

对于做线下零售店的商家来说，只要所在的区域开通了零售通，就可以直接到平台上挑选产品，下单购买。下单时直接下载零售通APP，然后选择我们的店铺，马上入驻，填写资料，资料包括店铺名称、店铺面积、店铺类型、具体地址。填好之后，会有专门人员上门与我们联系。

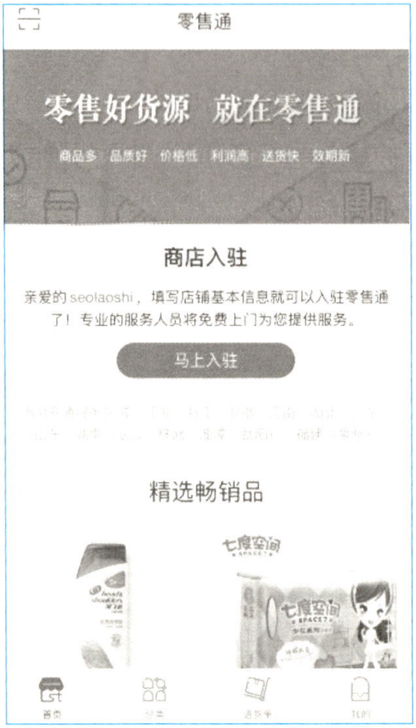

专门人员就是文中开头提到的阿里拍档，这些人都是在阿里巴巴平台报

名，并经过系统的培训，他们都有一套自己的考核标准，有一个属于自己的APP，叫作零小宝，由他们为商家服务，包括如何进货，进什么样的货，货品怎样摆放等。

对于想创业的，尤其是在当地有一定资源的人，就可以加入阿里巴巴城市拍档，服务本地的商家，这等于一方面链接商家，一方面链接阿里，这些商家是非常好的资源，城市拍档就像是自己在创业，只要坚持下去，服务好商家，用心去做，肯定会大有收获。

对于零售店来说，在初期阶段，只要按照拍档人员的建议来做即可，比如在什么季节进什么样的货物，货物的数量应该要多少，商品该如何摆放等，至于下单，只需通过零售通APP即可。

在产品选择上，应选择一些新鲜、比较有利润的、比较受欢迎的产品，这对于零售店也是一个很好的补充。

有了城市拍档的指导，在客户下单的时候，我们也可以渐渐引导他们用支付宝，也可以让他们用电话费支付等。

总之，不管是对实体零售店，还是对阿里批发商，抑或是城市拍档，哪怕是创业的人，这都是一个很好的机会。

Part14

全网

一、从以产品为导向到以客户为导向

早些年做阿里，只需上传几张图片，咨询的人就能把电话打爆，现在入驻阿里平台的商家越来越多，客户的选择也越来越多，竞争越来越激烈，只有努力地在众多客户中脱颖而出，才能让生意更红火。

其实，变化的不只是入驻阿里巴巴的商家，阿里巴巴也一直在变，最近阿里巴巴就进行了一次改版，首页也发生了变化，不过，最直接的变化就是从以产品为导向到以为客户为导向的转变。

早些时候，阿里巴巴以产品为导向，为了让客户更快地找到产品，客户只要一打开阿里巴巴的首页，各个行业都会出现在首页上，但现在已经看不到那么多行业了，而是很多醒目的推荐，几乎占到了首页一半的内容。

这说明阿里巴巴以产品为导向的方向发生了变化，现在大家已经十分熟悉阿里巴巴，寻找产品的时候，都会主动去搜索。现在，客户进入阿里巴巴后，它会让其填写一个名片，内容包括所处行业、身份（店主、工厂老板、高管）、地点等，这说明阿里巴巴开始以客户为导向，帮助客户寻找到最适合的产品，如身份是老板，那么，它推荐的产品价格往往会比较贵，而不是像之前那样，千篇一律，没有差异性。

阿里巴巴的这一变化，对入驻阿里巴巴的商家会有怎样的影响呢？早期做阿里巴巴，商家往往是有什么产品就直接上架什么产品，因为不愁销路，现在不同了。比如，某款袜子很火，说明市场上喜欢这样的款式，喜欢这样的风格，那么，我们也要主推这款袜子，而不是主推自己的产品，也就是说，商家要随市场的变化来变，而不是让市场来配合商家。

每一个行业，在每一年都会出现不同的产品，不一样的流行风，对于那些做加工、机械、世界标准件的商家来说，不能总是按部就班的生产某种产品，市场一直在发生变化，要时刻关注市场，随着市场的变化来改变自己，这样才能有更大的订单。

最了解客户需求的就是市场，最能感受到市场发生变化的平台就是阿里，比如，客户希望生产什么样的鼠标，鼠标有怎样的功能，阿里平台能在第一时间捕捉到信息，并做出反应，尤其是在日用品、快消品方面。

市场随时都在发生变化，阿里也在紧跟着市场变化，对于入驻阿里平台的商家来说，背靠大树好乘凉，只要跟着阿里的变化而变化，跟上阿里的脚步，就一定不会吃亏。

二、市场从流量为导向到以推荐为导向

随着越来越多的公司入驻阿里巴巴平台，尤其是越来越多大公司的加入，竞争会越发激烈，那么，要想在激烈的竞争中取胜，突破点是什么呢？一定是品牌，因为品牌具有唯一性、独特性。

做品牌，关键在于做品牌高度，什么是品牌高度呢？假如同样做批发，你只是加入了诚信通，上架了产品，但我不只是加入诚信通，还加入了诚信保障，写的文章还获了奖，我把这些荣誉标志放在店铺上，转化率自然会

高，若能获得年度奖项，转化率会更高。同样的道理，加入一件代发，并做到最好；上伙拼，将销量截图；做直播，并拍照，这些统统都是在做品牌，即做品牌的高度。

早期做网络营销，大家想到的是引流，然后成交，但现在不同了，大家开始写文章，写日志，也许每天的阅读量只有100个左右，但年销量却可以近亿元，这是为什么呢？因为这是B类生意，一万个流量不如一个成交，因为B类有很多特定的行业。

当然，如果做批发生意，如女装批发、鞋子批发，流量还是蛮重要的。但对于更多行业而言，应该努力做好品牌高度，努力去做意向流量，也许一天只有10个意向流量，可比1000个没有意向的流量都要强，在阿里平台上，有很多行业不需要太大流量，甚至一年有几单生意就足够了。

以前阿里巴巴以流量为导向，现在随着产品更加的细分，更加的深入，变成了以推荐为导向，在阿里巴巴首页可以看到很多推荐，同样打开APP，也能看到以推荐为主。比如，我们购买机械设备，阿里肯定会把最好、做得最用心的厂家生产的机械设备推荐给我们。

能得到阿里的推荐，对于入驻阿里的商家来说，是非常有好处的，大大增加了成交的可能性，总之，商家做得越好，就能得到越多的推荐，就能拥有更多的意向客户，成交的订单就会越来越多，周而复始，商家的效益就会如滚雪球式的增长。

虽然现在阿里已经从以流量为导向变成了以推荐为导向，但这并不意味着流量不重要，只是没有以前那么重要而已，所以，我们不能再向以前一样去购买流量，在基础没有做好、品牌没有做好的时候，即便有流量，也很难成交。

三、一定要打造出有特点的品牌

我们买东西，在同样价格的前提下一定会选择品牌形象更好一些的，因为产品的品牌就是品质的象征，足见品牌的重要性。在打造品牌时，一定要打造有特点的品牌，为什么呢?

这就像人们想喝咖啡，都喜欢去星巴克，而不是选择在路边的店，即便便宜，也不会去，因为星巴克的环境好，可以在那里做事，不会被吵到。

这就像我们买礼品送长辈，总喜欢买脑白金，因为电视上的广告一直在宣传——送礼就送脑白金。

总之，每一款产品，每一个企业，都应该有自己的定位，同样做阿里也应该有自己的定位，我辅导学员时，首先要做的就是找准自己的定位。

比如，要接什么样的订单，是接加工订单，还是接定制的订单，抑或是批发的订单；产品是中档、高档，还是针对出口；公司的特点是什么，与其他公司相比有怎样的优势等等。一旦定位确定了，就相当于有了目标与方向，只要我们一直努力，就有机会脱颖而出。

接下来，我举三个例子来说明定位的重要性及意义。

案例1：学员拖拖姐专门卖拖把头，产品质量很好，我给她的定位是“拖拖乐，只生产质量最好的棉胶头”，后来，公司又增加了仿鹿皮巾，公司定位就改为“拖拖乐，只生产质量最好的棉胶头与仿鹿皮巾”，而学员的名字就叫拖拖姐，因为公司是以拖拖乐这个名字注册的，她自然而然就叫拖拖姐了。

当客户想到拖拖姐，肯定都知道她是卖拖把头的，定位为生产质量最好，客户第一时间就知道她是厂家，而且产品质量最好。如果客户需要的是棉胶头，肯定就找她进货了。找准了定位，拖拖姐在互联网上做宣传、推广，就如鱼得水了，现在一年的销售额就超过了千万。

案例2：学员侯群群销售进口酵素，但品种不多，只有两种，很多人对酵素并不是很清楚，不知道它有助消化的作用，无论是男生还是女生，都可以喝，对身体大有裨益。我给她的定位是——青春派新肌蜜酵素，让女人永远年轻。

新肌蜜是公司的品牌，我重新定位是让别人一看就知道销售的是什么产品，有什么用处，因她的名字叫侯群群，那么她完整的名字就是青春派新肌蜜酵素侯群群。产品有了准确的定位，产品价值就出来了，客户也很喜欢这款产品。

案例3：护栏姐武志山销售护栏，包括阳台护栏、公路护栏等，很显然，武志山是个男人的名字，这是护栏姐老公的名字，品牌原本的名字就叫武志山，经我定位后改为护栏姐武志山。她们公司的品牌为锦银丰，这么多年，她们一直在打造护栏姐武志山和锦银丰这两个品牌。

因为定位做得好，品牌打造得好，现在每个见到她的人，都叫她护栏姐，搜索护栏姐，也能直接找到她，她现在是护栏行业的一姐，在产业带做到了第一。

总之，在网络平台上，我们一定要努力打造出自己的品牌，而且是要有特色的品牌。

四、打造企业品牌应以个人为切入点

毫无疑问，做阿里是一定要做品牌的，可能有人就会说，做品牌需要很多钱，还会举例说某个人花了好几千万，也没有把品牌做起来。其实，我说的这个品牌，是广义上的品牌，不单指企业品牌。

假如，我们用公司名开一个微博，通常情况下，要不是公司很知名，或者有很好的业务关系，是很少有人去关注的，为什么会这样呢？因为在大众心中已经形成了一个概念，企业微博一般不好玩，冷冰冰的，要么是发布公司新闻，要么是发布新产品信息，要么是谁去考察，谁去调研，与关注者没有一点关系。

大众有这样的思维定式，要想去改变是很困难的，这就像改变消费者的消费习惯一样，谈何容易啊？即便是能够改变，其所花的成本也会非常大。

所以，我建议，在企业发展初期，尤其是刚创业的时候，打造企业品牌时尽量以个人为切入点，不是有那么一句话吗？21世纪工作生存法则就是：建立个人品牌，把你的名字变成钱。

在上文，我讲公司介绍的内容时，一再强调拍照片时一定要将自己拍摄进去，就是告诉大家，一定要在企业品牌里加入个人品牌，拍摄的照片全都是工厂、产品，没有人，就缺乏了人气，做生意需要人与人之间的交流，照片中多了一个人物，就给客户带来了不一样的感觉，也许以后会有机会在线下见面，其成交的概率就会非常高。

我有一个朋友，他开办了一个桶装矿泉水的公司，这种公司竞争压力非常大，哪怕是在偏远的地方，但他却在较短的时间内打开了市场，那么，他是怎么做的呢？

首先，给自己设计一个好记的名字，然后再给自己加一个行业的昵称，最后做一个与众不同的品牌定位。最终他名片上的名字设计成了“带着帽子的送水哥XXX”，并附上了自己的头像，而且每次送水他都会戴一顶帽子。前期他印了五万张名片，通过发名片的方式打开了市场，到了后来，人们一想到桶装水，就会想到那个戴顶帽子的送水哥。

这就是品牌的效果，在线下可以这样打造个人品牌，在线上同样可以，大家还记得戴帽子的叶茂中吗？他不管走到哪里都会戴一顶帽子，问其原因，他说，做个人品牌就应该有一个logo。遗憾的是，很多人都忽视了这一点，殊不知，个人头像就是个人品牌的最好logo。

有时候，我们在网络中看到一个图片，就会想起某个人，也许我们不知道他背后公司叫什么名字，因为很多东西用公司名是无法办到的。以写文章为例，若以个人名义来写，就可以写俏皮一些，今天去哪里喝酒，认识了哪些朋友，但若是将这些发布在公司网站、博客，就很不合适。

总之，大家要记住，当我们把个人品牌做好了，公司品牌也就得到了提升，就像投资公司说的那样，他们投资的是人。

五、个人品牌更容易脱颖而出

在互联网中，个人品牌更容易脱颖而出，关于这一点，我们去看一看微博就十分明了了，公司创始人微博上的粉丝往往比公司官方微博粉丝多，因此，在定位公司品牌的时候，一定要定位个人品牌，以个人品牌为切入点。

那么，为什么个人品牌会比公司品牌更容易脱颖而出呢？这涉及到维度的问题，比如，销售洗衣粉，若现在我们自己生产洗衣粉，然后做一个洗衣粉品牌，那么，推广这个品牌的过程会非常辛苦，因为在市场上有很多知名的洗衣粉品牌。

但如果我们不推洗衣粉品牌，而是推我们个人品牌，也许只是出去参加一个会议，就有可能有很多人来找我们购买洗衣粉，如果我们的文章上了首页，又可能会带来一些销量。

前者是以公司的维度与公司竞争，而后者是以个人品牌的维度来竞争，竞争就不会那么激烈，甚至可以说在某些地方不存在竞争。比如，在小区里，也许只有你一个人卖自己的洗衣粉，就不存在竞争，但要是5个人，同时销售5种不同的洗衣粉，就会有竞争。

然而，不管是在线下还是在线上，都存在着很多小区，一个社群可以是一个小区，一个小网站也是一个小区，甚至一个大的网站里的一个小的论坛、一个群也都是一个小区。

个人品牌容易脱颖而出，主要表现在四个方面，具体内容如下：

（一）更容易表达

今天看到了一个很有感触的事情，我们就可以写一篇文章，来表达自己的观点，但这种文章是不适合发表在公司网站、微博上的，虽然可以发布在阿里上，但因是个人观点肯定不能发在公司动态里。所以，以个人身份去写文章能够更好的表达。

（二）方便回答与交流

我们想买一款产品，想了解一个行业，想认识某个行业里的人，但因网络上推广的都是公司的品牌名，我们不知道该联系谁，更没办法帮他们宣传，如果是个人品牌，情况就大不一样了。

我有一个学员无名专门做外贸生意，技术很好，若你有产品想做外贸，但不知道如何去做，就可以找无名，如果要找他们公司，恐怕就不知道该去找谁了。类似的还有，买按摩椅就找王志强，买高端手串就找邓艳珍，等等。

（三）方便上台参加会议与活动

活动不一定都在线下，有可能是线上征文活动，也有可能是线下兴趣小组的活动，抑或是参加阿里巴巴的活动，参加活动就会有感悟，有收获，我们将这些内容写出来，就可以发布到相关平台，如果主打公司品牌，很少人认识我们，而主打个人品牌，别人就知道我们是做什么的了。

（四）更容易增加价值

做品牌有两个重点，一是品牌高度，二是品牌价值。比如，我们给自己取一个名字，也会有定位，但别人为什么要相信我们呢？这个时候就要给自己加上价值。比如，我们与明星合影了，在阿里巴巴比赛中获奖了，在阿里的某个活动中做到了第一名等等，这些都是品牌高度，也是品牌价值，我们应该截图保存，发文说明，这是最好的背书。

营销，不仅仅营销产品，更重要的是营销个人品牌，通俗地讲，就是在营销自己，要让客户认识我们，如果我们的产品又做得很好，那么，营销起来就容易多了。因此，每个做阿里巴巴的商家，都一定要重视个人品牌，在公司品牌定位的同时定位好个人品牌，并努力打造个人品牌，这是成本最小、速度最快的在同行当中脱颖而出的方法。

Part15

阿里免费推广

一、免费的推广也能做出好品牌

有钱可以买到书，却买不到才华；有钱可以买到锻炼器材，却买不到苗条身材。钱虽然可以买到很多东西，但它并不是万能的，有些东西是钱买不到的，解决不了的。以做阿里为例，有些人认为花钱做推广，就能有好的效果，但事实并非如此，而有些人做免费推广，效果却出奇地好。

我这里提到的免费推广，是以诚信通为基础的，利用阿里平台上的一些免费推广，能达到很多付费推广达不到的效果，这主要表现在以下几个方面：

（一）转化率、品牌高度是花钱买不来的

你可以每天花钱购买流量，但是做旺铺装修、描述的那份用心是用钱买不到的，一个认真的、为别人着想的人，做出来的详情是不一样的，现在阿里主推的就是这些用心做的旺铺，比如，每一次活动，每一次直播，他们都会第一时间去争取，精心准备，用心去做。当然，阿里也会十分注重推荐那些真正的好产品。所以说，即便一个旺铺的流量很大，但详情做得不好，成交也会很有限，而用心做的旺铺，即使流量有限，但老客户依然会很多。

（二）社区上的营销需要花时间、耐心地去做

阿里社区的营销在阿里平台上占有举足轻重的位置，众所周知，伙拼是一个频道，微商进货是一个频道，但社区却同时拥有两个频道，一个是生意经，一个是商人社区，在阿里首页的导航栏中可以看到这两个频道，不少人都会在这里做免费的营销。有些人年销售额可高达几千万，但这并不是一蹴而就的，是日积月累，一点一点耐心地去做的结果。比如，文章写得好，就能被推荐。倘若你写的文章不好，即便花钱，也无法被推荐。

（三）人与人之间的交流是无法用金钱来实现的

比如，某人写了一篇文章，文章中有他自己的情感，读者看到了这篇文章，就愿意与他交流，若这篇文章具有一定的代表性，写出了不少人的心声，那么，其他人在写文章的时候，也有可能会帮他宣传，而这不是花钱就能解决的事情，因为像朋友之间的交流，心与心的沟通，是无法用金钱来办到的。

我有一个学员，因一篇文章上了头条，被外国的客户看到，便直接找他下单。每天登录阿里平台的人很多，文章上了首页，就会有更多的流量，这其中说不定就有我们的客户。只要文章写得好，就可以上阿里巴巴首页，上阿里巴巴任务，这些都需要用心去做，用心做了，就能免费获得广告资源。

我的不少学员专门在阿里平台上做免费推广，他们每天都在平台上写文章，分享文章，就像很多做自媒体的人一样，也在坚持着属于自己的道路，持之以恒地坚持让他们拥有了不小的收获，其中一个重要的收获就是口碑效应。因他在阿里社区上有一定的知名度，而且一直在做免费推广，当客户需要产品的时候就会第一时间找到他，而且还会帮他推荐一些客户。

总之，大家不要小瞧了免费推广的作用，有人在阿里巴巴上靠写博客销售桂花，一年销售额上千万元，做出了响当当的品牌，这还有什么不可能呢？

二、免费推广实操技巧

对于那些公司刚起步，或者刚创业的年轻人来说，更适合免费推广，从而最大限度地节省成本。其实，现在有很多实力雄厚的公司，年销售额高达几千万，但他们依然热衷于做免费推广。那么，如何才能做好免费推广呢？建议大家从以下五个方面入手：

（一）了解客户的需求

刚开始做阿里，大家都会比较急躁，沉不下心，很多事情都会想当然的认为，比如，有人认为我的产品质量很好，价格又很便宜，让客户自己去物流点提货没什么大不了的，客户不会纠结是否送货上门。其实这种想法是不对的，因为不了解客户的需求，客户希望能够更加方便、快捷地解决问题，他们害怕麻烦。所以，大家应该多站在客户的角度去思考问题，尽可能地为用户提供方便。

（二）把握市场脉搏，随市场变化而动

最近市场上又推出了一款新产品，阿里巴巴平台又推出了一个新频道，对于这些信息不要以为与自己没有关系，既然是做免费推广，就应该努力去争取每一个机会，改变自己以适应新的规则，才能让自己不断进步。

（三）花费更小的成本促进自我成长

只有个人成长了，公司才能成长，一个优秀的经理不管去哪个行业，都能做得很好。所以，我们要努力让自己进步、成长，包括产品知识的提高，对市场的把控能力，而不是等着让公司的成长来带动个人成长。

（四）使公司的品牌得到沉淀

现在，单纯卖货的时代已经过去，消费者购买的不仅是商品，更是品牌

的价值，显然，一味地销售货物是行不通的，在品牌时代，只有打造出自己独一无二的品牌，才能在同行当中脱颖而出，才能有更好的销路。因此，我们在成长过程中的每一个经历，每一个进步，都应该记录保存下来，因为它会为品牌加分。

（五）用心地对待每一个人，每一个客户

在网络平台上，每个人都希望得到更好的服务，每个人都希望得到平等的交流，做了免费推广之后，我们就会感受到每个客户都来之不易，对每个客户都应该好好珍惜，把每个客户都服务好，让其成为老客户，有了这样的心态，就能服务好更多的客户了。

企业的发展与竞争，归根结底是人才的发展与竞争，人才的价值是不可估量的，对于那些刚创业的人来说，首先要做的一件事就是多学习，多成长，只有把这步走稳了，之后的路才能走得更踏实。

虽然付费推广有一定的好处，但不可否认的是，付费推广会更有优势，将免费推广做好后，就应该去做付费推广，让事业发展百尺竿头更进一步。

三、以领导者的姿态进行行业知识分享

成为我的学员之后，我首先会对他们进行定位，之后就会要求他们以行业领导者的姿态，进行行业知识分享，不管是在某个行业做的时间长还是短，对产品、行业都应该有一定的了解，将这些知识分享出来，对我们自己来说是温故而知新，对同行来说，是一种学习。

可能有人会觉得将知识分享出来，对自己是一种损失，因为让更多同行知道了“秘密”，其实，比起我们的收获，这些看似的损失真的算不了什么，下面我就来给大家说一说以领导者的姿态分享行业知识会有怎样的收

益，以及如何分享行业知识。

（一）以领导者的姿态分享行业知识的益处

以领导者的姿态分享行业知识，益处颇多，主要表现在五个方面，如下所示：

1.带来更多意向流量和客户

不管是在阿里平台，还是在其他平台上，我们将行业知识分享出去，都会带来更多的意向流量和客户，阿里平台本身就有很多流量，尤其是阿里智库，这是专门发布文章的频道，在其他平台上的文章，客户也会通过搜索关键字呈现出来。

2.提高转化率

写文章贵在坚持，持之以恒，也许一篇文章说明不了什么问题，如果是几十篇、几百篇呢？客户就会看到我们是多么的用心，就会大大提高对我们的信任度，在有需要的时候，就会第一时间与我们成交。

3.让自己更加专业，促进自我成长

在进入某个行业之初，可能你对这个行业并不是很了解，当我们不断地学习，不停地写文章，连续地分享，就会让自己懂得越来越多，只有不断地输出，还会逼迫我们自己努力地学习，促进自我成长。

4.更好地维护老客户

每天都写文章，每天都分享行业知识，就会让一批客户追随我们的脚步，每天都来看我们的文章，我们的这份用心，客户能够真真切切地感受到，这是维护老客户的一个很好的方法，当他们看到我们在不断成长时，就会对我们更加有信心，更加愿意与我们合作。

5.树立品牌

文章写得多了，对某个行业知识掌握得就更加丰富与透彻，对行业未来的把握会更加准确，我们就俨然成了行业标杆，有人想了解行业知识，看我们的文章就足够了。

（二）如何写行业知识分享

关于如何写行业知识分享的知识点很多，可以作为一个课程，详细地讲解，因篇幅关系，我只能将大概内容与大家分享，主要包括四点内容。

1.标题就是问题，正文就是答案

写文章的时候，我们要想着客户会在这个行业里碰到什么问题，标题就应该体现出问题，正文则是对标题即问题的解答，以护栏销售为例，标题可以是“护栏是如何发货的”，正文可以详细地说明，那么，别人在搜标题时就能找到我们。

2.一定要凸显自己的品牌

在文章中，有很多地方是不允许留联系方式的，那么，就只能凸显我们的品牌，不仅是公司品牌，更为重要的是个人品牌，这样客户需要产品的时候，就会想起公司的品牌，也更容易记住我们。

3.文章要图文结合，并将每篇文章标上编号

图文结合是为了让文章看起来更美观，给每篇文章标上编号，就形成了一个系列，像电视连续剧一样，让客户一直看下去，也让他们清楚看到了哪里。

4.将专业的知识用通俗的语言表达出来

专业知识晦涩难懂，看起来十分辛苦，那么，我们就要想办法让知识变得生动有趣，这样才能让客户更喜欢看，客户喜欢看了，就会带来更多的流量与转化率。

最后，大家一定要记住，文章写完之后，要多发几个平台，比如阿里智库，就是一个非常好的平台。

Part16

商友圈

一、选择在活跃的圈子里写文章

阿里巴巴平台上有很多可以写文章的频道，其中商友圈是多数人都会去的频道，它是由之前的阿里巴巴论坛转化而来，当年马云都经常在这里写帖子，无论是过去还是现在，它都是写文章最火红的频道。

现在在商友圈已经有8000多个圈子，可见商友圈的红火程度，当然，这些圈子的活跃程度也不一样，我们写文章就应该尽量选择活跃的圈子，下面我就来说一说在活跃的圈子里写文章的好处，以及找到活跃圈子的方法。

（一）为什么要选择在活跃的圈子里写文章

在活跃的圈子里写文章有三大好处，如图所示：

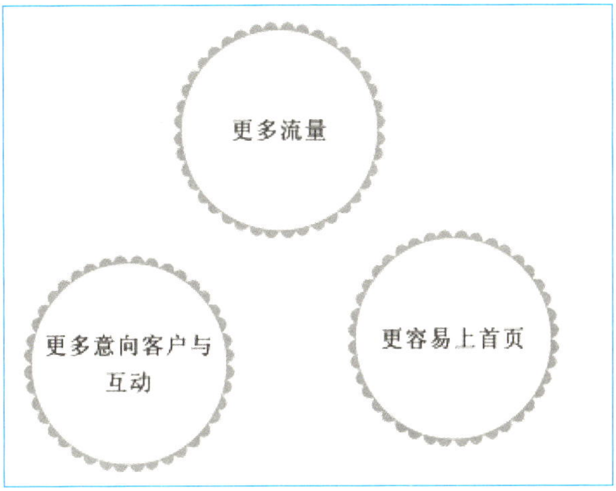

1.更多的流量

一般情况下，人多的地方会比较活跃，加入圈子的活跃度是3%，那么，100个圈子活跃的人数只有三个，假如是一万个圈子，那么，活跃的人数就是300个。所以，我们到活跃的圈子里去写文章，肯定会获得更多的流量，很多人会回复你，即使没有上首页，看到文章的人也会比较多。

2.更多意向客户与互动

以销售红枣为例，红枣的销售对象可以是任何人，每个人都可能是客户，我们到活跃的圈子里去写文章，就会有更多的互动，更多的意向客户。如果我们能在相应的行业里找到十分活跃的圈子，那是再好不过了，我们可以结交到更多的朋友，认识全国各地的同行，说不定还能成交几笔生意，因为很多使用产品的客户都会出现在圈子里。

3.更容易上首页

我是阿里巴巴商友圈内容委员会的成员，深谙其中的规则，这个平台上的文章主要有两大来源，一是由小二自己来找，二是小二通过看当天商友圈委员会推荐的帖子。这么多的圈子肯定找不过来，所以，他只会在活跃的圈子里找。

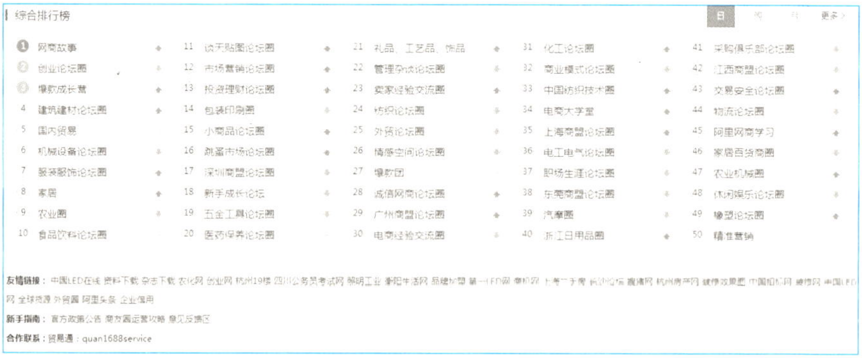

（二）如何寻找活跃的圈子

活跃的圈子有很多好处，但是如何才能找到活跃的圈子呢？方法有三个。

1.从商友圈的首页中查找

在商友圈的首页，我们能看到很多圈子，商友圈会将每天、每周、每月排名前50名的圈子公布出来，我们只要在前50名的圈子中寻找即可。

2.看上首页的文章一般来自哪些圈子

留意一下上首页的文章，看看这些文章都来自哪些圈子，通常能上首页的文章都来自活跃的圈子，我们只需把这些圈子记下来，然后去这些圈子中写文章即可。

3.看热门圈子

点开商友圈网页，我们可以看到热门圈子，基本上比较热门的圈子都在这里了，然后点进圈子看一看，好的帖子是不是有很多人看，很多人回复，很多人评论，如果是，说明这个圈子不错。

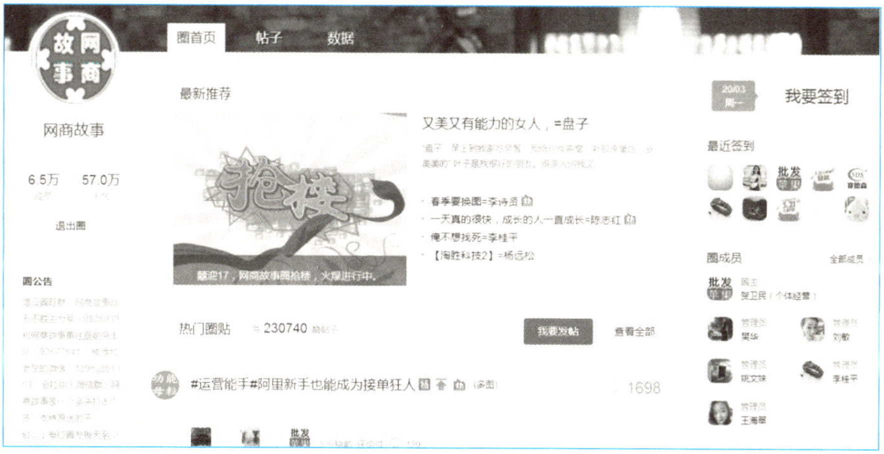

以上介绍的找圈子的方法，我们可以同时使用，找出一些圈子之后，在不断地摸索总结，然后找出最适合自己的圈子，就可以在这个圈子里一直写下去了，一般选择2～4个圈子即可，这样才能在有限的时间里做出高度与深度，这么多年来，我只在阿里的两个圈子里写文章，这也是让我快速成长的一个秘诀吧。

二、文章上首页既增加流量，又提高了信任度

有些人在商友圈写了很多年的文章，效果都不是很明显，为什么呢？因为他的文章没有上过首页，文章能上首页，不仅说明写作水平不一样，还能让收获更多，那么，文章上首页会有怎样的好处，又如何让文章更容易上首页呢？

（一）文章上首页的好处有哪些

文章上首页不仅代表着写作水平高，还有诸多好处，主要表现在五大方面：

1.证明我们的方向是正确的

在阿里上写文章，最怕的就是大方向错了，而这又是很容易犯的错误，经常想当然的认为我们这样写是对的，但阿里并不会这样认为，如果文章能上首页，那说明文章的大方向是对的，符合阿里的方向，因为阿里的方向随时都在变化。当然，未能上首页，也不一定代表方向错，因为每天推荐的文章数量是有限的，只要坚持写下去，不断提高自己，上首页的概率就会大大提高。

2.代表被官方肯定，我们上升到了一个新的层次

文章被推荐好比上台领奖，这是被阿里肯定的表现，同时也说明我们的能力上升到了一个新的层次。上一次首页并不应知足，还应该争取有更多的文章上首页，待量变积累到一定程度，就会发生质变，我们的能力将取得长足的进步。

3.带来很多流量

我们的文章发表在圈子里，单个圈子的流量再大也是有限的，若能上首页，就能带来更多的流量，注意，这里所说的首页不一定是指商友圈的首页，还可以是其他频道的首页，若是上了阿里任务，流量就更大了。

4.大大提升信任度

文章上了首页，读者就会认为文章的作者是有能力的，若是文章上首页

的次数多了，读者就更佩服作者了，在读者的心目中，他的实力就更强了，从而大大提升了作者的信任度。

5.使品牌得到宣传

上首页是一个标志，是一种能力的象征，是一种获奖勋章，当我们把这个荣誉截图发到朋友圈、微博，展示给客户时，就能使我们的品牌得到宣传，尤其是把照片放在旺铺首页上，每一个来到旺铺的人都能看到，而每一次都能使我们的品牌得到再一次的宣传。

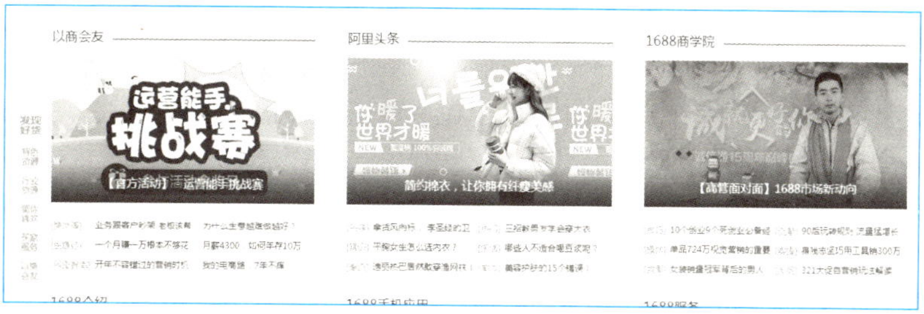

（二）如何让文章更容易上首页

文章上首页好处诸多，大家都在争先恐后地上首页，那么，有没有什么方法，让文章更容易上首页呢？

1.模仿上首页的文章

上首页的文章肯定有很多我们值得学习的地方，我们要想上首页，就要先研究它的成功之处，包括写作手法、标题等，对其进行总结，然后模仿它来写。

2.文章内容要与商业有关

阿里巴巴是一个商人的舞台，职场、商业故事，是商人们都喜欢看的内容，所以，我们写的文章也要符合这一基本要求，才符合主题，符合大方向。

3.文章质量要高，并传递正能量

文章质量高，很容易理解，谁都愿意看文笔通畅、情感真实的文章，还有就是一定要积极乐观，阳光向上，传递正能量，这样的文章才会更受欢迎。

4.坚持原创，坚持写作

文章上首页存在着一定的概率，并非每个人的文章都能上首页，也并非每一篇文章都能上首页，但是，我们在原创的基础上，坚持写作，上首页的概率就会增大，早晚会有上首页的一天。

三、想办法在商友圈里有个职位

做好阿里巴巴商友圈的关键在于坚持，我刚开始在阿里巴巴上写文章的时候，每天都会回200个帖子，即每个论坛上置顶的帖子都会回，这是我学习的过程，也是结交朋友的过程。另外，我在阿里巴巴上写文章只会发布在两个地方，一个是职场生涯，一个是市场营销论坛，这么多年过去了，这个习惯从没有变过，因为要在一个论坛做好已经很难了，倘若做几个论坛，就没有深度了，更难以被推荐，也很难坚持下来。

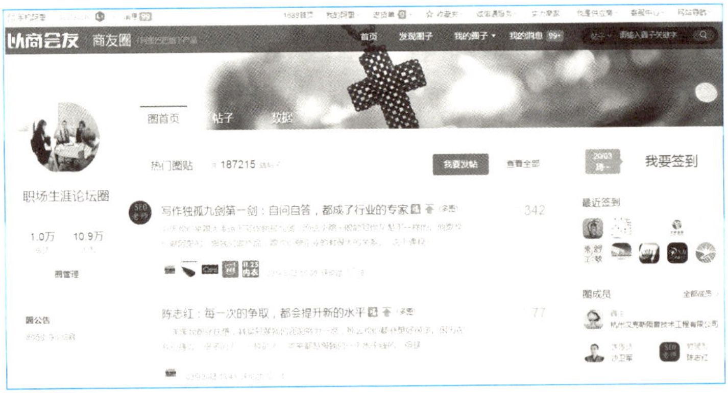

因为我坚持在两个论坛上深耕细作，使我与这两个论坛的管理员都混熟了，之后，我有幸成为了职场生涯的管理员，其权利就是可以将文章置顶或者加精华，之所以能够当上管理员，与我多年的坚持是分不开的。

当然，商友圈中每个圈子的管理员也可以管理自己的圈子，我建议大家去商友圈中当管理员。现在在阿里上申请圈子比较容易，所以，很多人都喜欢申请属于自己的圈子，但我不太赞同这么做，因为圈子已经非常多了，很多圈子都没有人管理，但里面依然有大量的人，若申请一个新圈子，再从头做起，难度比较大，不如去活跃的圈子中当管理员。

从营销的角度来讲，这属于借力，而不是从头开始，而且在活跃的圈子里有一定的品牌高度与信任度。不过，要想当一个管理员也不是很容易的事情，需要用心地去做，踏踏实实地去做，更专注地去做，写更多的文章，获得更多人的认可。

那么，具体说来我们该怎么做呢？其实这里面要做的事情有很多，比如，文章经常上首页，这不仅让我们自己开心，别人看到了也会很开心，会更认可我们；每天都回复别人的帖子，尤其是看到别人写的好的帖子，这样可以让我们认识更多的人，也会让更多的人认识我们，彼此更好的交流；经常在某个论坛里写文章，与管理员熟悉了，当我们的写作水平提高之后，就会有很多文章被置顶，就更有机会上首页。

此外，还有一项重要的内容，就是参加活动，很多圈子都会举办很多活动，如果我们的圈子有活动，一定要积极参与，这是一个重要的学习过程，学习如何组织活动，因为以后我们就是活动的组织者。

值得一提的是，举办活动肯定会带来很大的流量，管理员会将目光聚焦在活动当中，此时正是我们积极表现的时刻，千万不能错过。

经过一系列的努力，在我们当上了商友圈中某个圈子的管理员之后，就应该鼓励圈子中的成员多写文章，使圈子更加活跃，总之，不管是写文章，还是管理圈子，都要用心地去做。当上管理员之后，我们的任务就更重了，不仅要写文章，还要写考核，写签到，做总结，你要相信所有的付出，终将换回质变的那一天。

Part17

生意经

一、提问与回答当中的品牌建设

在阿里巴巴平台有一个极易被忘记，却属于小战略级别的产品，它就是生意经，它在阿里巴巴导航上一直有一个强大的入口，且流量很大，对于做阿里巴巴的商家来说，这是一个很好的做品牌建设的地方，它在品牌建设中主要有五大作用。

（一）通过提问与解答体现出我们的专业与用心

做阿里需要具备的一个条件就是用心，也许你的图片不是最漂亮的，文笔不是最好的，排版还存在着瑕疵，但只要用心，客户就能感受到，用心是一种心态，更是一种结果。在阿里巴巴生意经上提问与回答问题，同样需要用心，你若用心，别人就愿意与你交流，就愿意买单。

（二）生意经能带来很多流量

文章上了首页，会带来很大的流量，即使我们的问题没有上首页，而是上了阿里任务，也会带来很多流量。即便这两个方面都做不到，我们的问题在百度上的权重也很高，也会有很多流量。另外，当问题有很多流量的时候，我们的答案要是能上首页，也会带来很多流量。

（三）每次提问都能用公司账号回答

生意经可以用公司账号来回答，更为重要的是，它能出现在旺铺里，出现在阿里的个人主页中。一些专门做生意经的人，他们会把这个板块搬到阿里旺铺上，转化率还是蛮高的，你的回答让客户感兴趣了，他就会进入你的旺铺了。

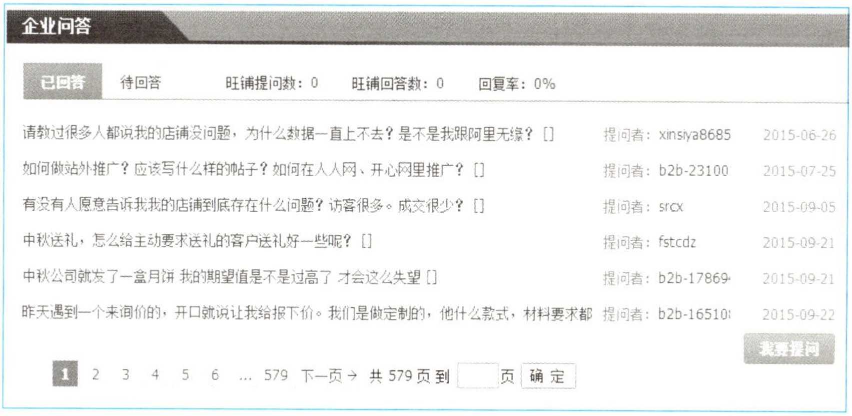

（四）问题回答得好，就会被置顶

生意经就像写文章一样，问题和答案会一直保留，假如问题当中的一个关键字排到了搜索引擎的首页，那么，每天都会有流量，若问题回答得好，还会被置顶。虽然现在生意经还没有置顶功能，但它有采纳功能和靠谱功能，如某个问题的答案点靠谱的人比较多，那么，这个答案就会出现在前面。

（五）促进自我成长

每天都能接触到各种各样的问题，特别是当我们回答与自己行业有关的问题时，可能会遇到有些问题我们自己也不懂的情况，看了别人的回答，或者为了回答问题而去查阅相关资料，都能促进我们的成长，让我们学习到很多知识。

实际上，提问的每一次上首页，回答的每一次被采纳，别人点的每一次靠谱，都是在做公司的品牌建设。

我有好几个朋友，在阿里上做免费推广，都选择了做生意经，因为做得好，接到了很多订单，螺丝哥就是其中之一。

我第一次见到螺丝哥是在阿里巴巴的年会上，螺丝哥作为生意经的第一名上台分享，他说他们有专门的人做生意经，每天都会做，已经坚持做了三年多，所以，知道现在生意经这个频道的第一名依然是他。

多年的付出终将有所收获，螺丝哥多年的坚持，让他受益匪浅，而这些是花钱买不到的效果，其实，不管是做阿里的哪一个频道，将其做到极致的时候，就会很有效果。

二、生意经是一个有着精准流量的频道

阿里平台的生意经是一个非常棒的频道，它让多方受益，对入驻阿里的商家来说，它可以做推广，可以做品牌；对于阿里小二来说，可以减少很多的咨询；对广大用户来说，可以马上找到想要的答案。

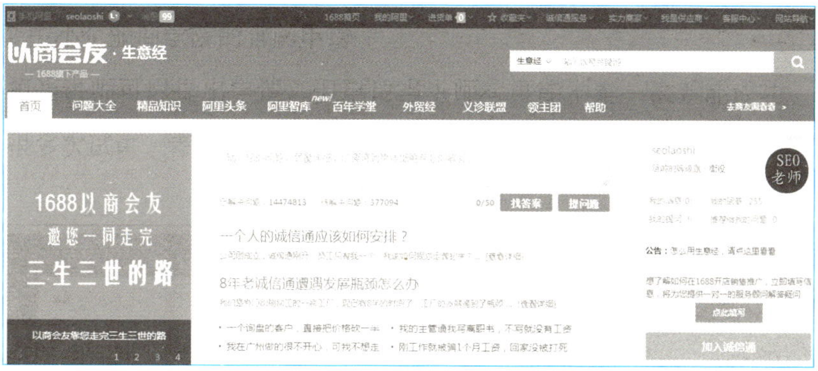

那么，我们如何做生意经呢？在品牌建设中，我们只要把握好方向，即我们销售的是什么产品，在阿里巴巴生意经上提问、回答也要围绕着大方向展开。接下来，我来谈一谈在生意经上如何提问与回答。

（一）如何在生意经上提问

如何在生意经上提问效果才更好呢？需要注意四个细节。

1.设置好头像

点开生意经的页面，我们会看到很多人提问，打开问题时，我们第一眼看到的是他们的头像，虽然我们很少点击头像，但我们依然知道他们是销售什么的。所以，我们在提问之前，先要设置好头像，这样即便别人没有点进旺铺，一看头像也就知道我们销售什么产品了，因此，我们要在头像上留下

电话号码，方便他们与我们联系。

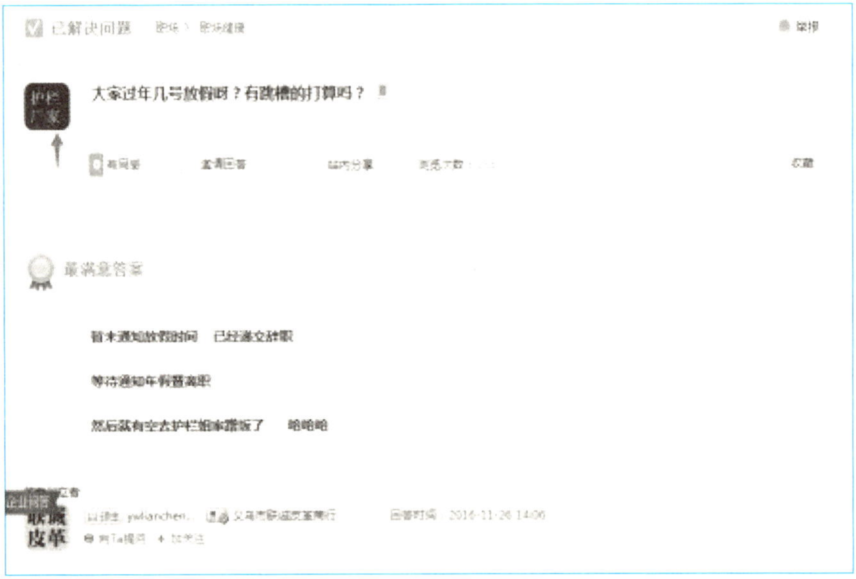

2.提出的问题最好能与我们的行业有关

假如我们是销售护栏的，对这个行业非常了解，我们提出的问题会非常到位，且标题上要有关键字，那么，就会有很多人来回答，不懂的人也会点进来学习，如发现没有很好的答案，也可以用小号（自己注册的非公开的、用于营销宣传的ID）自问自答。

3.为了上首页，描述时要提到行业

一个问题若能上首页，肯定会带来很多流量，生意经也是一样的，问题问得好，也会上首页，上任务，也会有很多人回答，说不定还能给我们带来好几笔订单。需要注意的是，我们在模仿首页的提问时，一定要在问题里补充说明是销售何种产品的，这样才能在解决问题的同时增加流量与订单。

4.一定要在量上做好

当别人点开我们生意经提问的头像时，他们就直接进入了我们个人主页的生意经，它会显示提问、回答的数量，也会显示我们的旺铺，当他们经常看到我们提问、回答问题时，就会渐渐与我们熟悉起来，就有可能点击我们的主页与旺铺。

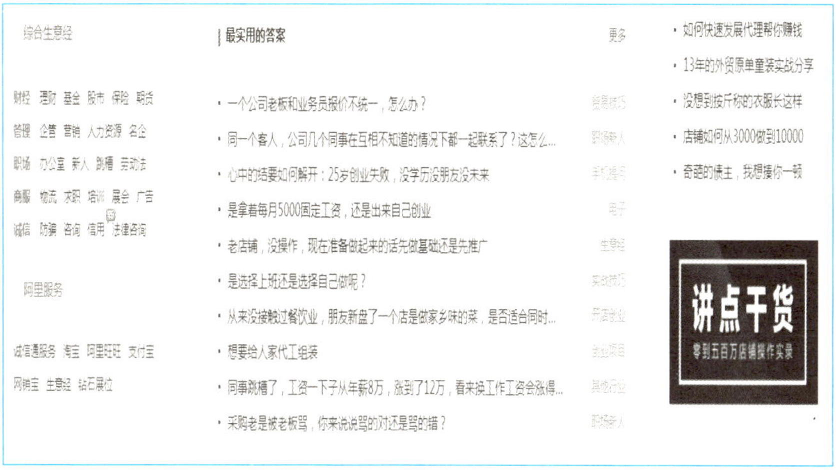

（二）在生意经上如何回答问题

在生意经上不管是提问还是回答，都是对我们实力的考验，在生意经上回答问题，应该注意四点：

1.表述清楚我们是做何种产品的

在回答问题时，我们要说明自己是销售何种产品的，这意味着我们可以随时随地做广告，在任何时候都可以为产品做宣传，但一定要表述清楚，比如，我们是在广州做女装定制的，就不能简单地说，我们是做女装的。

2.用公司账号回答

回答问题时，要用企业身份回答，这样别人在看我们答案时，就可以直接进我们的旺铺了。

3.让朋友来点靠谱

我们要用心回答问题，并将其发给朋友看，让他们来帮我们点靠谱，这样我们的答案的排名就能靠前了。

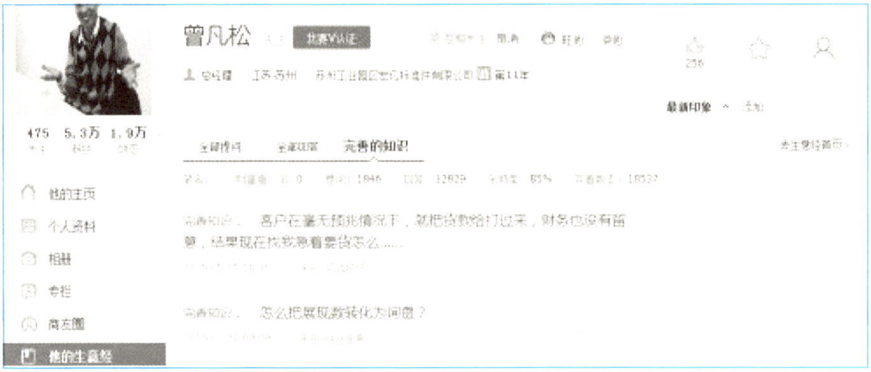

4.要保证足够的数量

回答问题的数量要足够多，才有可能上首页，被推荐，总之，做生意要有效果，就一定要长期坚持，坚持得越久，越用心，效果才越好。

三、提高质量，保证数量，你也能当上领主

我有一个朋友想做采访，开始做的时候，经常碰壁，都不愿意接受他的采访，因为大家不认识他，后来，他找到某大型网站的负责人，给了他一个特约采访员的头衔，从此，他的采访做得很顺利。

这就是有头衔与没有头衔的差别，做生意经也一样，在生意经上有一个更高级别的称号——领主，如果能当上领主，意义肯定就不一样了，下面我就来说一说当上领主的好处，以及如何当上领主。

（一）当领主的好处

一开始做生意经，我们就要树立当领主的目标，因为当领主会给我们带来很多好处，主要表现在四个方面：

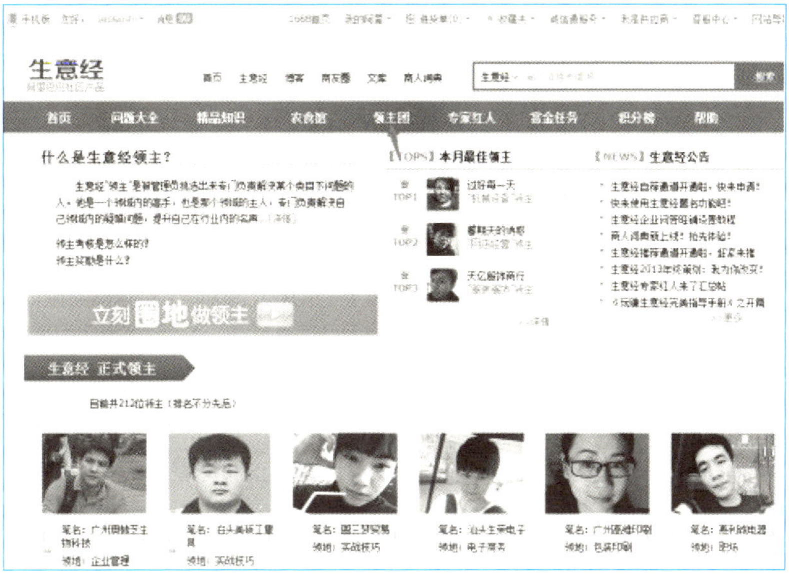

1.每次回答问题时，都会出现领主标志

不是领主，回答问题时，只会显示我们的头像、公司、问答，但如果当上领主，不仅会显示这三项内容，还会多出一个标志，就会显得与众不同，就犹如团队里的领导。

2.可以与更优秀的人在一起，上首页的机会更大

阿里的会员很多，回答问题的人很多，看问题的人就更多了，但能当领主的人却屈指可数，只有百来个，若能当上领主，就证明我们是生意经上最优秀的一部分人。而且领主会有领主群，群里也会有阿里巴巴的管理员，能够与更优秀的人在一起交流，对自我成长与提高十分有帮助，而且上首页的机会会更大。

3.提高信任度与转化率

之前我们讲过，进口产品通过阿里的认证意义非同一般，领主也一样，别人会更加的关注，更容易点进去，也更容易成交，因为他们认可你的成绩。

4.提高品牌高度

领主就如同军功章一样，它是一种荣誉的象征，它代表了我们的用心、专业度得到了阿里巴巴的认可，这就是在给我们的品牌加分，个人品牌得到了提升，他的公司价值也会变大。

（二）如何才能当上领主

当领主有诸多好处，那么，怎么才能当上领主呢？除了用心、坚持外，还应做好以下三个方面：

1.坚持提问、回答同一个领域的问题

当我们坚持在一个领域上提问、回答问题时，就会发生质变，就能让我们懂得更多，那么如何寻找这个领域呢？当我们点开问题页面的时候，会出现行业、创业、职场等内容，行业里面又分为农业、工业等，从中找出我们最擅长的类目即可。

2.保证一定的提问回答数量，才会有更多机会

我们要做到在提问回答问题的数量上比别人多，因为只有数量提高了，才会有更多机会，那么，如何在数量上超越别人呢？我们只需看首页即可，这里有一周排行榜、一月排行榜。很多人问我做生意经多久可以见到效果，我告诉他们，如果足够努力，一个星期就可以见到效果，因为我们的头像、公司名可以排进周排行榜，当然，若能做到第一最好。

3.主动联系领主，或者等待管理员联系

我们做生意经时间长了，就会遇到和我们一样每天在提问、回答问题的人，如果他们是领主，我们可以向他们请教如何当上领主。当然，如果你不想联系也没有关系，只要你做得好，比别人更努力，管理员肯定会主动联系你。

Part18

阿里智库

一、你也可以做智库专家

阿里巴巴上新出来了一个频道——阿里智库，它是商友圈下的一个频道，流量很大，是一个做内容的好地方，因为刚刚推出，所以，申请的人很多，通过申请后，你就是阿里智库专家了，可以开始写系列连载了。

阿里智库与阿里的其他频道不一样，在这里发布的文章更多的是以电子书的形式存在，比如你发了30篇文章，那么，别人一点开就可以看到全部的文章，就像电视连续剧一样，让人看得很过瘾。

那么，为什么那么多人争先恐后地要加入阿里智库呢？自然是因为它能

给我们带来很多实惠，这种实惠主要表现在五个方面：

（一）会有更多的流量

因阿里智库刚刚推出，所以，阿里对这个频道的扶持力度很大，我们一打开阿里巴巴1688的首页，在推荐的下面就可以看到很多智库上的书，就连生意经频道中都有很多智库上的经典书，除此之外，打开商友圈、上任务，都能直接看到阿里智库。

（二）容易打造出高品质的作品

一个演员要红起来，靠的是作品，在阿里上也是一样。我们也许写了很多年的文章，写了很多篇的文章，但没有按照统一的风格来写，没有按照系列来写，就很难形成作品，但发布在阿里智库上就不会有这样的问题了，你可以按照系列来写，也更加方便我们把智库电子书发给客户看。

（三）多了一个阿里智库专家标志

通过了阿里智库专家的申请，意义就不一样了，哪怕是没有发表文章，也称得上是阿里智库专家了，对外宣传时就可以称阿里智库专家的头衔了，通过申请后，在我们的个人主页里就会多了一个阿里智库的功能。

（四）更了解产品与行业

我的学员刚一通过阿里智库专家的申请，就立马发布文章，因为他们从很早的时候就开始写产品知识、行业知识，而且写了很多，当我们把这些内容写成一个系列的时候，就能够让我们更好的了解产品与行业，在这个过程中，我们自己也在不断地成长。

（五）公众号可以加V

阿里又新出来一个功能叫作阿里公众号，当我们完成三本以上的阿里智库，而且三本的流量至少要超过2000时，就可以去申请阿里公众号了。

既然阿里智库如此重要，那么，我们该如何申请，如何能在最短的时间里通过呢？直接打开阿里商友圈，点击阿里智库，或者直接输入zhiku.1688.

com，找到申请专家这一栏，点击之后，就可以直接申请了。

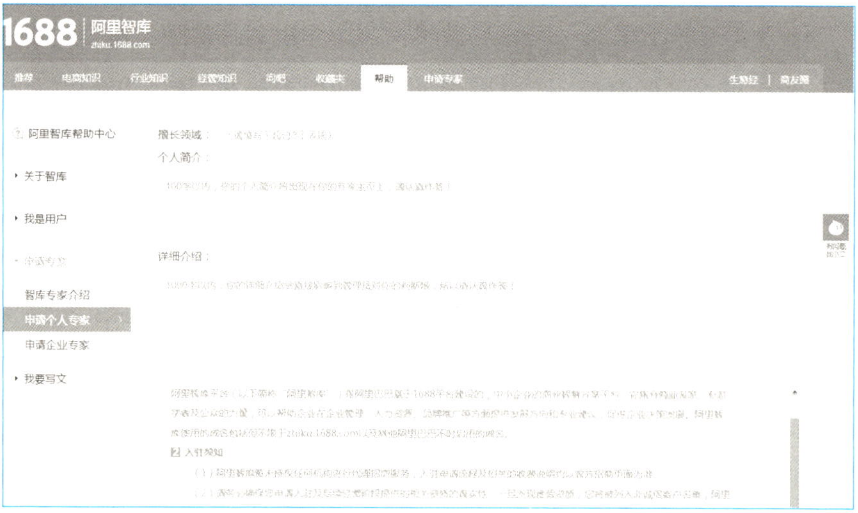

在申请的时候，会让我们选择企业专家还是个人专家，我们申请个人专家即可，然后填写相关资料，包括擅长领域、个人简介、详细介绍。

注意，一定要围绕我们的行业来填写，因为我们要建设品牌，所以，在擅长领域肯定要写清楚我们的行业。如做护栏生意的，就可以写“护栏的生产与销售”，它会显示在我们的资料中，当然，个人简介也会显示，因此，最好能写上我们的主营和个人经历实力，比如，我们公司主要生产销售阳台护栏，公路护栏。十余年来，我们一直在生产的第一线，得到了很多客户的好评。企业慢慢在发展，我们也在进步，希望能交到更多好朋友。尽量把内容写得长一些，用心一些。

最后是详细介绍，这也要写得详细一些，内容丰富一些，千万不要将之前写的内容再复制到这里，一定要用心去写，能否通过阿里的审核，关键就看这三个方面，切勿大意。

二、在智库中上首页会有很多流量

毫无疑问，在阿里智库上写文章，也要想办法尽可能地上首页，上了首页，才能让更多的人知道我们，我们才有更大的空间展示自己，同时，也让我们得到了阿里的肯定。而且这里是品牌建设的好地方，这里流量很大，说不定就能让我们接到几笔大生意，最重要的是，我们的电子书会一直存在，信任度与影响力也一直都在。

那么，如何在智库上写文章才能上首页呢？需要把握住四点内容，就能大大提高上首页的几率。

（一）尽量写行业专业连载

因为我们要在阿里巴巴上接单，就一定要在这个平台上写连载，否则，一两篇文章就会显得人微言轻。

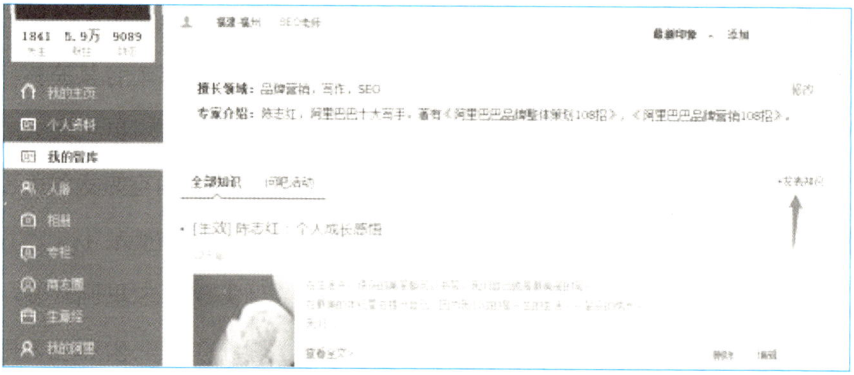

比如，做女装加工生意，就可以写女装加工的注意事项、今天我来分享十年女装加工路、女装加工的创业经历等等，这样别人一看标题就知道我们是做什么的，如果对方也做女装加工，就可以直接与我们联系了。

（二）图片一定要漂亮，要符合规定

智库对图片尺寸的大小有规定，比如，它对于上传的两张图片，一张的尺寸要求是300×300。另一张的尺寸要求是785×310，不能超过3M。当然，随意上传也可以，但看起来会很丑，也就很难被首页推荐了。至于那些二维码、广告等就不需要了，因为只要上了首页，就会有很多机会。另外，图片一定要漂亮、美观、和谐。

（三）不要添加广告、联系方式

这是写专业文章的地方，所以，不需要带有logo、联系方式的图片，更不要在正文中加上链接、联系方式。如果在刚开始创建电子书的时候，加上这些内容，就有可能通过不了，即使通过了，之后发布文章，也是需要审核的，因为我们是做品牌，只要认真写好文章即可。

（四）正文须原创，内容应充实，排版要漂亮

原创非常重要，这是智库也是对我们自己做品牌的最低要求，刚开始写的时候，可能写得不好，但只要坚持写下去，写作水平肯定会提高。

文章的内容要充实，将一件事、一个细节表达完整，也许文笔不是很好，但基本的叙述要清楚，用心去做，这一点并不难。

当然，排版不能太丑，随便复制粘贴上去是不行的，或者说文章很短，图片很大，也会失去美观。

一个电子书要上阿里智库的首页，做好以上四个方面很重要，除此之外，名字与介绍也不能忽视，这两点将直接展示在读者面前。注意，在写这两点内容的时候一定要围绕着我们的定位、品牌来。

再有一点，我们更新文章的时候，不能一次更新太多，要形成一个规律，比如周一到周五，每天一篇，或者每周三篇，这样也有利于读者养成习惯，按时看我们的文章。

总之，坚持就会有希望，也许我们不会很快上首页，但坚持下去，肯定会有上首页的时候，一旦上了首页，带来的实惠就会超乎想象。

三、多本的阿里智库回报加倍

我很佩服韩寒，不只因为他是知名作家，还因为他还是很棒的赛车手，能同时将这两样都做好的人并不多，所以，他能超越很多人，成为人们心目中的佼佼者。同样的道理，我们在写阿里智库的时候，不能只写一本，至少要写三本，为什么呢？

第一，内容会更加丰富。

如果只写一本，虽然可以有很多流量，也可能上了首页，但我们的读者还是希望能看到其他作品，所以，我的很多学员不仅写产品知识，还会写网络接单技巧，内容十分丰富，读者人群也很广泛。

第二，获得更多的流量与转化。

阿里智库与之前的论坛帖子一样，今天我们写了一篇文章，上了智库的首页，明天别人的文章也上了首页，那么，这两篇文章的排列顺序是什么呢？谁再发表一篇文章，之前的文章就会被顶一次，如果我们写了两篇，就相当于顶了两次，就占领了两个位置，如果是三篇就相当于顶了三次，不过我不建议一下写三篇，因为这样会很辛苦。

第三，可以申请阿里公众号。

阿里巴巴推出一个新功能——阿里公众号，要申请这个公众号，需要一定的条件，但只要达到智库内容保证在三篇以上，且某一篇文章达到2000以上的流量就可以通过申请。

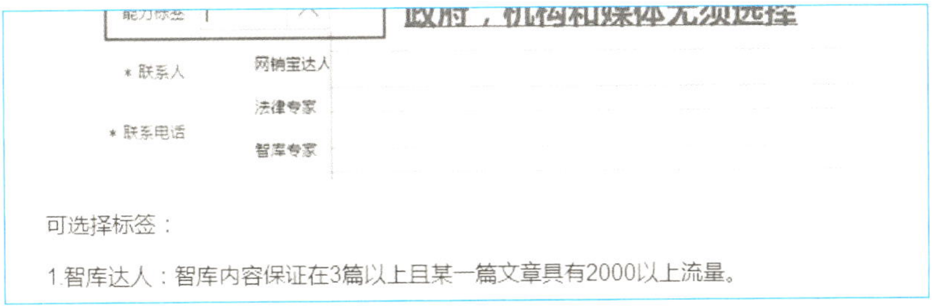

众所周知，智库内容写得越多越好，一是上首页的几率会大，二是能带来更多的流量，但是如何才能写出三本以上的内容呢？在写的过程中又应该注意些什么呢？

（一）先完成第一本

如果一本没有写完，就写第二本，同时写好几本，管理员是不会让你每一本都上首页的，或者不会让你很快地通过审核，所以，我们要先完成一本，且内容一定要在30个章节以上，完成之后，由管理员帮我们点击结束。

（二）第二本、第三本可同时开始

写完第一本之后，第二本、第三本可同时开始，但申请的时间应该有所间隔，而且这两本书的内容要是不同的主题，可以写产品知识、行业知识，也可以写创业经历等。另外，第二本、第三本不要总同时更新，应错开时间更新。

（三）所写内容要围绕着品牌展开

不管写怎样的内容，都应该明确一点，所写的内容是为品牌服务的，应围绕着品牌展开，才会使其整体显得很专业，更为重要的是，可以让我们收获更多的意向客户，拿到更多的订单。

（四）用通俗的语言表达

之前，我已经讲过用通俗语言表达的重要性，在此不再赘述，另外，再提醒大家一点，因为文章中不能留下联系方式，那么，我们可以在文字里进行引导。

阿里头条

一、一定要当一个头条作者

阿里巴巴推出了一个新的产品——阿里头条，因内容营销的兴起，不仅是阿里，很多平台都有了头条的功能，申请成为阿里头条的作者并不难，只要你的申请审核通过了，即使没有写文章，也可以称为阿里头条作者。当然，申请通过了，我们肯定要写文章，因为我们要努力做到最好。

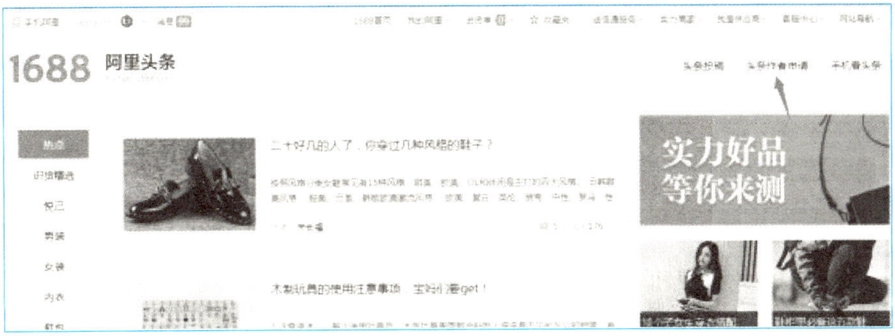

因为随着时代的发展与进步，消费者对产品的要求越来越高，他们已经不满足仅在平台上找到自己想要购买的产品，因为产品的品种繁多，他们需要商家将产品和新店展示出来，以供他们选择。所以，阿里头条的核心定位是——专业的导购与媒体营销，以买家为中心，让买家清楚如何找到满意的

产品。

由此可见，阿里头条是顺应时代发展的产物，我们一定要做阿里头条，因为它会给我们带来六大好处：

（一）阿里头条流量大

阿里的流量非常大，每一个板块，甚至是很小的一个板块都有很大的流量，更不用说阿里头条了，很多帖子的单篇流量都能突破10万。试想一下，若花钱去买这么多的流量，需要多大的成本啊，而阿里头条是免费的。

（二）展示产品更多功能

很多时候消费者并不知道产品会有那么多的功能，以文具袋为例，在大多数人眼里它就是用来装文具的，可有人写了一篇有关文具袋功能的文章，里面介绍了七八种功能，比如装化妆品、装针线、装零钱等。

（三）通过对比，突出核心

以销售锌钢护栏为例，商家可以在文章中将锌钢护栏与其他护栏，如铁护栏、塑料护栏，进行对比，突出自己产品的优点，让客户购买到更适合自己的产品。再比如，销售茶叶，可以写商家位于产业带，茶叶曾经是贡品，明星都为其代言等等。

（四）转化率高

因阿里头条属于专业导购，所以，我们可以在文章中直接加入链接，即将旺铺的产品直接链接上去，客户在看了我们的文章后，若对产品感兴趣，就会直接点击购买了，转化率非常高。

（五）进行不同维度的展示

有些学生可能学习不好，但他的歌唱得很好，每次学校歌咏比赛都能获奖，唱歌就是学生另一个维度的展示。阿里头条就是这样的一个舞台，与其他频道比起来，它也许没有出彩的地方，但它是我们另一个维度的展示，在这个舞台上，成为万众瞩目的焦点，也会光彩照人。

（六）提高品牌高度

成为阿里巴巴的头条作者，哪怕你没有写作品，也能增加你的信任度，因为不是每个人都能成为阿里头条的作者，就像在一个班级里，不是人人都可以当上班长一样，它提高了我们的品牌高度。

那么，如何申请成为阿里头条作者呢？可以直接进入商友圈，点击阿里头条，或者直接打开toutiao.1688.com，进行申请。申请时，需要填写相关资料，尤其要注意行业资料的填写，如行业简介、经验等。

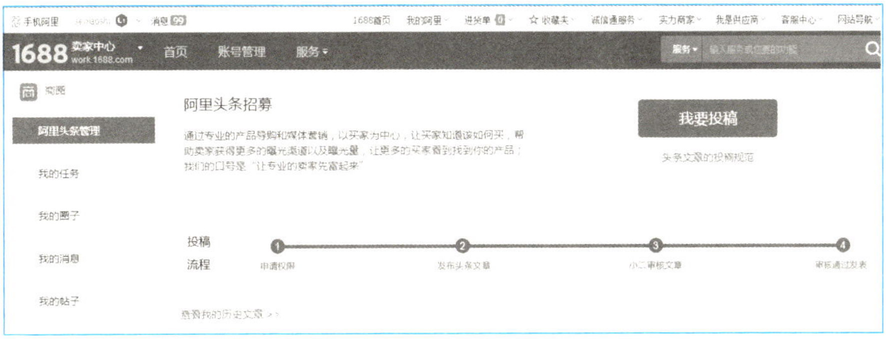

如果第一次没有通过申请，也没有关系，修改相关资料之后，可以继续申请，多申请几次，肯定会通过。

二、如何写好头条更容易上首页

不管在哪个平台上写文章，都要争取上首页，其好处无外乎三点：一是代表了正确的方向，二是获得更多流量；三是使文章获得更多认可。那么，在阿里头条上写文章如何才能上首页呢？这里面是有很多方法与技巧的。

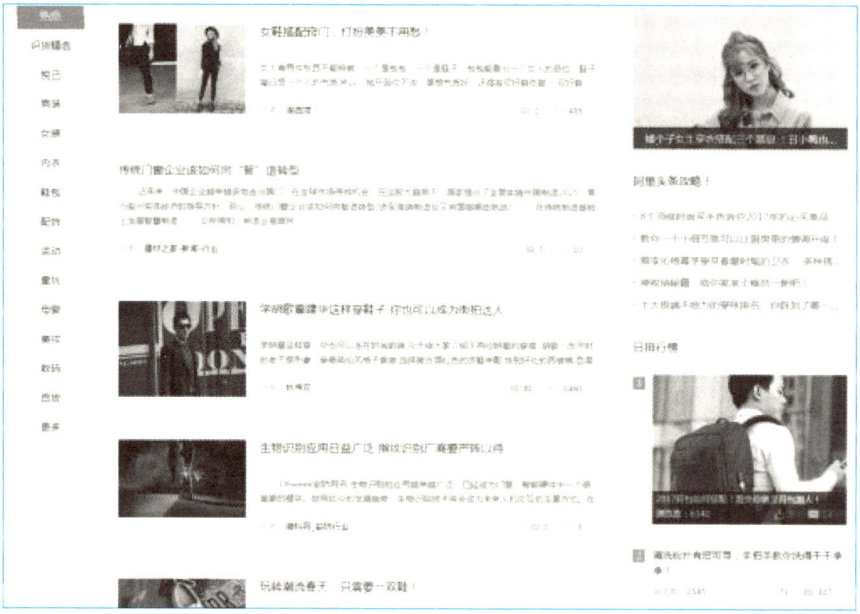

（一）吸引人的标题

标题犹如一篇文章的眼睛，其重要性无需多言，据有关调查显示，决定读者打开一篇文章的诸多因素中，标题占到了60%，通常大家在读新闻的时候，都会先看标题，对标题感兴趣，才会打开文章细看。所以，我们在写头条的时候，也要写好标题，可以看看那些点击率高的文章，他们的标题是怎么写的，然后模仿他们的写法来写。

（二）文章内容应大众化

不管你是卖童装，还是销售钢材，写文章的时候，都不能一直说童装、钢材，而应该从大众的角度去写，这样才会有更多人看。以销售童装为例，可以写如何穿宝宝更有气质，如何穿出“阳光小正太”等等。

（三）图片应唯美漂亮

拍图片的时候，要力求完美，灯光要足，角度要选对，除此之外，还需要对图片进行后期制作，给人以美的享受，要知道管理员也喜欢美图的哦。

（四）模仿上首页的文章

刚开始写文章的时候，我们会有很多不懂的地方，如图片需要几张，文章应该多长，什么样的文章更容易上首页，什么样的文章能上阿里任务等，此时，我们只要多观察那些上首页的文章，就会发现其中的规律，然后按照上首页文章的特点来模仿即可。

（五）坚持写文章，以量取胜

不管你写得多好，文笔多好，也很难一开始写就上首页，所以，不能急，慢慢进步，文章写得不好，重新修改，这也是自我成长的过程。每次修改都要认真总结，文章写得多了，就能在数量上取胜，上首页的几率会更大。

总之，成为阿里头条作者之后，我们要多写一些文章。刚开始的时候因素材有限，可写的内容不会太多，就要多学习，学习得多了，写得就好了，当然，懂的东西就更多了。

关于阿里头条，我还要提醒大家两点，一是阿里头条的口号，即让专业的卖家先富起来，文章写得好，可以得到阿里巴巴首页的推荐，因此，大家对产品知识、行业知识要有更多更好的了解，才能更好的帮助买家，同时让自己的流量多起来。

二是因阿里头条上不能留联系方式，但能留旺铺的链接，很多客户会直接点进旺铺，因此，店铺一定要做得大气、漂亮，用心，才能让点击旺铺的客户留下来。

三、多篇头条可以更好地打造品牌

唯物辩证法认为，量变发展到一定程度就能引起质变。坚持做一年营销，你可能会有10个客户，两年就可能是30个，3年就可能达到100个，这是量变的结果，是一个叠加的过程，信任度、品牌度、转化率、回头客会逐渐增加。做阿里头条也是如此，写得越多，品牌的知名度就会越高，营销效果就会越好。

注意，这里说的写得多，并不是随意写，也不是多个故事，而是一个系列，这样才会有分量，写了这么多文章，其最终目的是打造更好的品牌，因此，我们在写文章的过程中应该注意以下几点：

（一）专注一个分类

阿里头条分为几大板块，包括男装、女装、内衣、鞋包等，专注其中的一个分类即可，这既能让自己写得顺手，又能让准客户、准代理及时看到我们的文章，当他们经常看到我们的文章时，就会对我们熟悉起来，合作的可能性就加大了。

（二）最好专注一个或者几个款式，并保持相同的风格

通常我们的店铺里会有很多产品，我建议写头条的时候，要针对我们的新产品、爆款、主推款来写，并且保持一个写作风格，使得客户一看到文章就知道是谁写的，增加用户黏性。

（三）在文章中进行引导

因文章中不能留下联系方式，所以我们要对客户进行引导，比如，我们已经在这个行业干了二十多年，某明星、某电视剧中就用了我们的某款产品，某著名建筑的装修就是使用我们的材料等，这才能激发客户对产品的兴趣，从而点击进入我们的店铺，在店铺里同样要引导客户，才能使转化率更高。

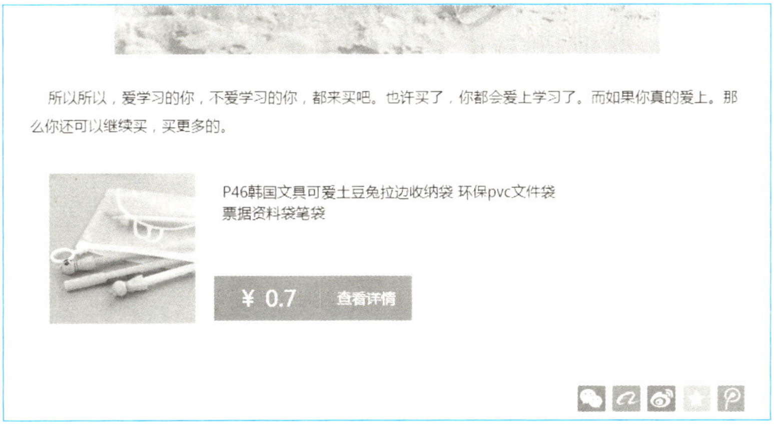

（四）一定要将文章发给客户看

写阿里头条时，一定要记得发给别人看，尤其是在被推荐之后，平台上会有很多留言、浏览，将这些发给老客户看，使得他们对我们有一个重新的认识或深入的了解，当然，也可以将其发到微博、朋友圈，说不定就能带来不小的收获呢！

（五）被推荐之后，要加大宣传力度

文章被推荐之后，一定要加大宣传力度，这是我们做品牌的好机会，这就像在一个大舞台上领奖，会获得更多的掌声与喝彩，能够大大提高品牌高度与转化率，所以，不仅要保存截图，更要链接发给客户。

实际上，阿里平台上的任何一个频道都会有很多流量，只不过每个人专注的频道不一样，都有自己专注的频道，因此，竞争不会很大，只要用心去做，肯定能取得好的效果。一旦我们决定关注某个频道，就要努力做到最好，做到第一，方能脱颖而出。

阿里专栏

一、阿里专栏依然是一个美好的后花园

阿里专栏是一个非常不错的频道，我的很多学员都在用心做这个频道，实现了很多的转化，成交了不少生意。阿里专栏不仅能在旺铺上进行展示，还能使文章更完整地保存，下面我来详细地说一说阿里专栏有哪些作用。

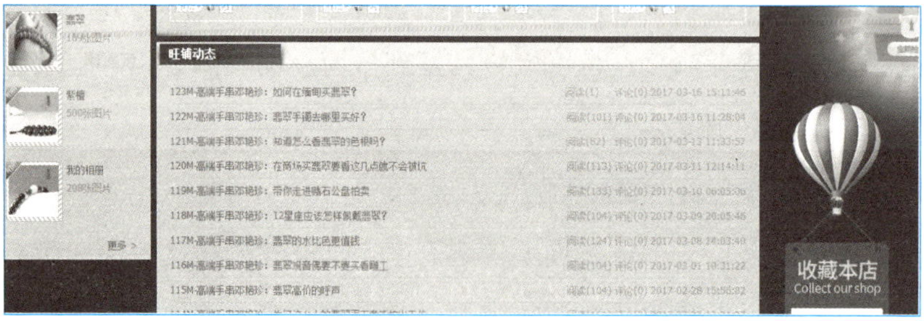

（一）阿里专栏可以在旺铺前台展示，有利于提高转化率

网络店铺与实体店铺不同，客户在看我们阿里旺铺的时候，除了看产品及其价格外，还希望能看到更多内容，虽然价格很重要，但更为重要的是信任度、品牌、服务，而文章则是体现我们服务与信任度的一个窗口，一定要展示出来，所以说，做好阿里专栏能大大提高转化率。

（二）公司动态、公司新闻等都可以发布在阿里专栏

如果一个公司只有旺铺，而没有公司动态、公司新闻，就会让人感觉奇怪，即使是只有一个人的公司，也肯定会有获奖、参加活动、总结等内容，阿里专栏就给我们提供了展示以上内容的机会，即使写得不好，也能让我们的店铺占据一定的优势，提高转化率。

（三）维护老客户的重要方法

有些人会在微博上销售商品，不管是销售何种商品，都会有人买，因为大家都相信他，即便是他的价格高于同行产品，依然会买他的产品，因为人们已经不是单纯购买产品了，而是有一些产品之外的因素影响了他们的购买行为，比如情感。

同样，在阿里这个平台，有很多人虽然是来这做生意的，但他们会在这里写他们的日常生活，比如，有关爱情、青春、家庭的故事，让人很敬佩，于是，很多客户就会来购买他的产品，由此可见，在阿里专栏写文章又成了维护老客户的一个重要方法。

（四）阿里专栏是对旺铺的补充

为什么说阿里专栏是对旺铺的补充呢？比如，将详细的购物的流程写在旺铺上，可能写不下，我们拍的几百张图片，旺铺上也放不下，还有招商加盟的例子有很多，这些无法在旺铺上写出来的东西，就可以写到阿里专栏，你只需要在旺铺里引导客户来看即可。

现在大家对阿里专栏已经有了一个大致的了解，接下来我再来说一说它的过去。阿里专栏的前身是阿里博客，那时候阿里博客还有一个博客首页，每年通过写博客年收入几百万、上千万的人有很多。

我刚来阿里的时候，阿里很火，我用心写了一年的博客，终于做到了阿里第一，获得了2011年阿里巴巴优秀博客第一名。在2011年之前，每年都会评出十名阿里巴巴优秀博客，但此后，每年只评出三名阿里巴巴优秀博客，

含金量十足。

当时，有很多人在阿里博客上写文章，我有一个学员就是其中之一，他代理别人的服装，然后继续招代理，他的一篇文章被推荐到首页后，仅仅一个月时间就招到了500多个代理。还有不少人，一天写几篇文章。

我还认识一个通过写文章卖包包的朋友，因为文章写得好，他的包包竟然卖到了全世界，之后，他选择创业，又获得一大笔投资，还是投资人主动找到他，心甘情愿地为他掏腰包，其重要的一个原因就是，他是十大博主之一。

总之，大家一定要重视阿里专栏这个频道，它的作用不容小觑，做好它，就能成就你。

二、设置好阿里专栏，拥有更高转化率

设置阿里专栏无需花太多时间，几分钟就可以完成，但是这里面需要注意的事项却很多，一个巧妙的设置，就可能给我们带来很多生意。接下来，我就详细地说一说阿里专栏的设置，需要把握好以下六点内容。

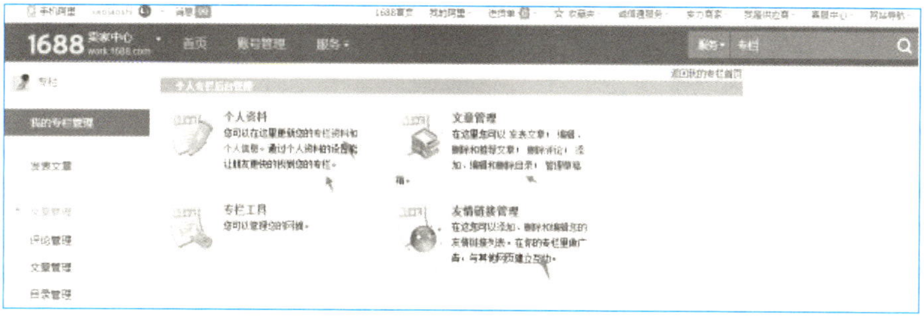

（一）阿里专栏要展示在旺铺首页

不少人的阿里专栏都没有在旺铺首页上展示出来，这是一大损失，因为阿里专栏能帮助我们提高转化率，所以，我的很多学员都是靠它来做免费推广。那么，如何将阿里专栏展示出来呢？在装修的时候会有一个模块，直接拿出来放在首页就可以了。

（二）写好专栏简介

有些阿里专栏的简介没有任何内容，因为不知道该写哪些内容，阿里专栏的简介的字数限制为150个字，内容包括公司的主营、公司的历史、公司的旺铺、联系电话，以及一些客套话，比如“欢迎您的光顾”“希望有机会成为朋友”。需要注意的是，专栏的名字不能随意取，要与公司的品牌方向相符合。

（三）置顶的设置

在专栏中，可以有三篇文章置顶，我们应将最重要的文章置顶。因只有三篇，假如你想再置顶一篇文章，就只能将以前的文章拿掉一篇，然后再置顶。通常我们会将招商、品牌故事、创业经历等重点文章放在这里，吸引读者阅读。

（四）专栏分类的设置

专栏分类，即专栏目录管理，我们要将分类做得细一些。另外，还应适当调整分类的顺序，尤其是那些重要的分类应放在靠前的位置，以便让读者第一眼就看到。

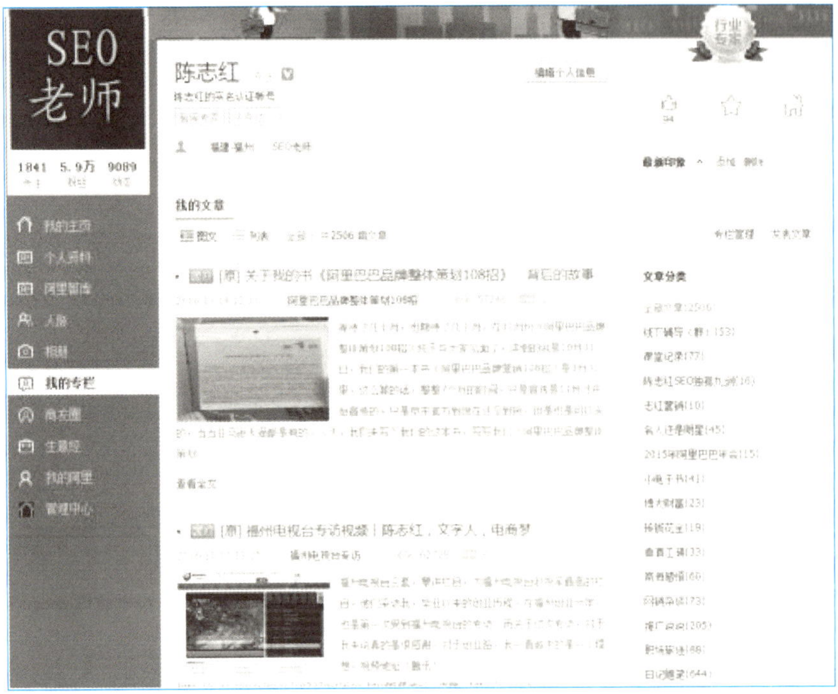

（五）做好链接

阿里专栏可以做链接，所以，我们要在旺铺上引导客户阅读阿里专栏。当然，阿里专栏的文章上也一定要有阿里旺铺的链接，可以点开，从而形成一个循环，提高用户体验，方便他们直接购买。

（六）文字与配图完美结合

写阿里专栏时，最好每一篇都能配图，文章中有图片，就能显示在靠前的位置，这不仅能使文章读起来比较轻松，还会使整个专栏看起来清爽漂亮，所以，每篇文章都要图文结合，而且一定是美图。

以上就是阿里专栏设置的细节，将以上几个方面做好，就能大大提高转化率，所以，我们一定要认真、用心地设置，切勿马虎。

三、专栏可以自动带来很多客户

阿里专栏能自动带来很多客户，所以，我们群里的一些人甚至将它的重要性与旺铺等同，不过，我认为专栏与旺铺结合在一起，具有叠加效应。那么，为什么说阿里专栏能自动带来客户呢？主要表现在四个方面：

（一）来自搜索平台的流量

搜索平台是一个很大的流量来源，因为阿里巴巴是一个权重很大的平台，所以，我们在这个平台上写的文章很容易被百度等搜索引擎收录，尤其是写有关行业知识、产品知识、公司动态的内容，别人在搜索引擎搜索的时候，很容易找到我们，因为标题中含有关键字，他们可以直接进入我们的博客，而我们每篇文章下面都有阿里旺铺的地址。

（二）外在宣传带来的流量

入驻阿里巴巴的商家经常会到其他平台宣传阿里巴巴。比如，我的学员们开了阿里账户，就会到其他平台发信息，让客户来阿里成交。试想一下，阿里巴巴平台上有那么多的商家，他们都会大力宣传阿里巴巴，并留下阿里旺铺的地址、阿里博客的地址，以及电话等，那会给阿里巴巴带来多大的流量啊！

另外，阿里巴巴平台上的商家会将写好的文章通过微信、微博等途径转发给别人看，读者看了我们的文章，觉得不错，就可能保存下来。总之，外在宣传带来的流量是不可估量的。

（三）专栏与旺铺形成闭环

倘若我们没有写专栏，没有做好装修，没有做好描述，估计客户点开我们的旺铺后，会立马关掉，找下一个合作的商家。但有了专栏，他们就会点进专栏去阅读，看的时间越长，成交的概率就越大，成为老客户的概率就越大，因为一直有客户看我们的专栏，我们的排名也会很高。

（四）树立品牌

我们每写一篇文章就是再给自己加一分，多写一篇，就能让我们从写作新手向写作高手转变更进一步。当我们写了几千篇文章的时候，不只流量会很大，转化率也会很高，在客户的心目中，我们已经成为了一个品牌。

当我们写了几百篇、几千篇文章的时候，客户就可以通过这些文章了解公司，了解我们个人，当客户感受到我们的坚持与用心时，离成交就不远了。

另外，我们的文章可以发表在很多平台，这样一来，专栏就成了大本营，我们写的专栏文章就成了一个交流、开发新客户、维护老客户的工具。

总之，对于每一个做阿里的人来说，专栏一定要做起来，它是做阿里的一个重点内容。

中小企业商学院

一、去中小企业商学院当讲师

中小企业商学院是阿里巴巴的一个频道，它的全身是1688商学院，从名字的改变上，我们就可以知道它的职能不再局限于阿里，而是要服务于中小企业。我建议入驻阿里的商家一定要努力争取做中小企业商学院的讲师。

可能不少人会有这样的疑问，来阿里平台是来做生意的，干嘛要当讲师

呢？当讲师会对我们的生意有帮助吗？接下来，我就为大家讲一讲当商学院讲师与做生意的关系，以及通过怎样的渠道才能当上商学院讲师。

（一）当商学院讲师与做生意的关系

当商学院讲师对我们会有诸多益处，它与我们的生意有着密切的关系，主要表现在三个方面：

1.可以学到很多知识

当了讲师之后要讲课，这不得不迫使我们努力去学习，否则就无法将课讲好。比如，之前PPT做得不漂亮，现在不得不努力将它做漂亮。这些学到的知识会让我们受益终生。

以我自己为例，我有幸成为阿里巴巴6688诚信通发布会的分享嘉宾，但我不清楚自己的语速是否太快，分享的内容是不是有重复的地方，重点是不是不够突出，有了这次分享经历，阿里的小二教会了我很多东西，这些东西对我的成长非常重要，让我终身受益。

2.会有更多的流量与转化

阿里商学院的一个视频就会带来很多浏览量，而且这个视频中还有我们的声音、情感，便很容易产生链接，尤其是做招商，说不定一个视频就能让我们招到很多代理，因为我们不仅展示了产品，还展示了我们的声音、我们的思维、我们的技术，而且是被阿里推荐的，效果肯定不同凡响。

3.带来品牌效应

同样做阿里巴巴，同样做服装，但我们是阿里巴巴讲师，而且我们能将这一荣誉在店铺上、在专栏上、在文章中展示，肯定能获得更多的关注，会有更多的人喜欢我们。这就像一个普通人与一个博士后相比，你说哪一个会更受关注呢？

（二）如何才能当上讲师

不是人人都可以当讲师，阿里会进行挑选，只要我们方向是对的，经过努力，当上讲师是迟早的事情，接下来，我就来说一说通过哪些渠道可以当上讲师。

1.官方举办的大型活动

比如，2016年的阿里巴巴全网营销大赛，若参加这样的活动，就有可能获得讲师证，我的学员PLC放大板许立冲，就是在参加活动的时候，受邀成为中小企业商学院的讲师。当然，这个概率不高，不过，只要是官方举办活动，我们都要去参加，尤其是很多线下的活动，每次参加活动都能让我们受益匪浅。

2.中小企业商学院的官网申请

想当讲师可以提出申请，但申请当讲师有可能不是一次就能成功，而是需要很多次试讲、考核，正因为当讲师不容易，才显得更加珍贵。

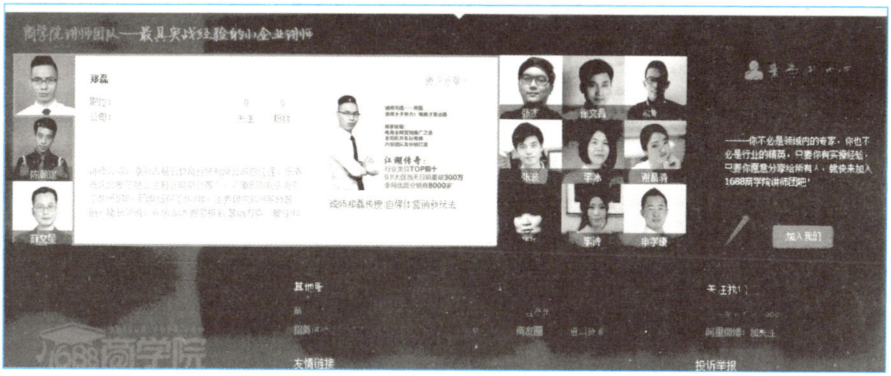

3.渠道商的推荐

在阿里巴巴的线下有很多渠道商，即阿里巴巴诚信通的代理，我们也可以向他们咨询，是否可以推荐自己当讲师，当然，一定要是诚信通会员才可以。

中小商学院是一个很好的平台，所以，我们一定要想办法去当讲师，这是一个很好的成长机会，希望大家都能努力争取。

二、当上讲师可以更近距离接触阿里

当上讲师，就能让我们近距离接触阿里，让我们学到更多东西。就像我们在公司能当上主管、当上经理、当上总裁之后，我们的成长速度就会加快，因为我们所处的环境发生了变化，收获的知识会越来越多。

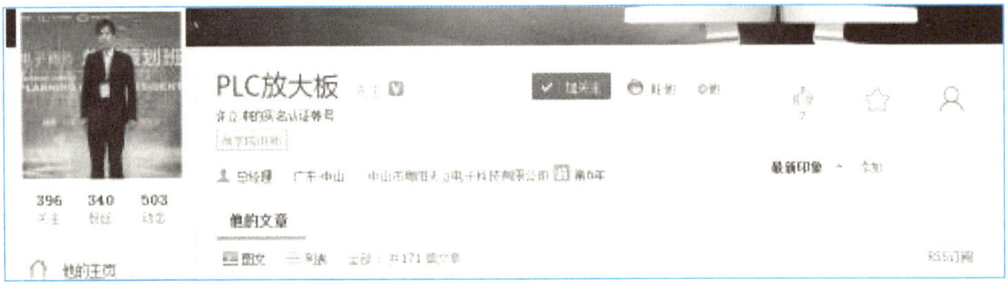

当上阿里巴巴中小企业商学院的讲师，会给我们带来很多收获，尤为重要的是可以更近距离接触到阿里，那么，对我们来说会有怎样的帮助呢？主要表现在四个方面：

（一）接触到更优秀的人

为什么读大学一定要选择名牌大学呢？因为名牌大学的资源丰富，实力雄厚，可以给我们提供更好的发展空间。同样的道理，我们当上讲师后，就有机会接触到其他讲师，长期与这些优秀的人在一起，可以学到很多知识。

（二）在学习的过程中更懂阿里

在不同的岗位，我们能学到不同的知识，比如美工，会更关注有关美工的知识，当了讲师之后，我们要做更好的课程，要树立更好的阿里形象，这些都会迫使我们自己做到最好。

（三）接触到线下优秀的人才

在福建有一个福建商盟，它是从阿里巴巴福建商盟论坛演变而来的，福建商盟让我们从线上走到了线下，平日里大家经常聚会交流，阿里的讲师有时候也会搞线下培训，由此可以结识更多的朋友，有更多的机会。

比如，在福州要招一个优秀的阿里人才很难，但在福建商盟这个圈子里就会有很多机会。福建商盟里有一个人投资了很多公司，因为他能借助福建商盟做很多资源整合，有些人技术很好，但苦于没有产品，有些人产品很好但没有技术，福建商盟为大家提供了合作的契机。

（四）使品牌得到宣传

我们学了化学，也许在生活中用到的地方不多，我们学了微积分，可能在生活中几乎用不到，但它们是考试的重要内容，它们可以决定我们能否上一个好学校，从而改变我们的命运。

做品牌也是如此。当了讲师，在与人交往时，我们的身份就不再是一个普通的人，而是讲师的身份，不管是客户还是同行，都喜欢与优秀的人在一起，你一旦优秀了，很多同行、客户就会主动找到你，这就是品牌的价值。

虽然当了讲师会让我们有很多收获，但是要想使个人品牌始终在人们心目中有一定的位置，让别人认可，终究要靠实力，靠作品。所以，即便是当上讲师，也一定要好好学习，拿出最好的作品，让更多人有所收获的作品，这不仅能让我们自己得到成长，还帮助了别人，当然，最为重要的是，我们才有机会得到更多人的喜欢与肯定。

最后，希望大家应该铭记一句话：努力当上讲师，努力做好讲师，在我们自己成长的同时，也会带动公司的成长。

整合

一、多频道的结合让品牌高度发生质变

在阿里巴巴平台上，我发现有些人的能力非常强，不仅把智库做得很好，还把头条做得很棒，能同时做好两个频道的人，着实让人佩服，对于他们自己来说，多个频道的结合会使他们的品牌高度发生质变。接下来，我来讲一讲多频道的结合为什么能使品牌高度发生质变，以及如何做好多个频道。

（一）多频道的结合为什么能使品牌高度发生质变

大家都听说过两栖明星这个词，两栖明星一般是指在影视歌（电影、电视剧、歌唱）中任意两方面都有所发展的明星，知名的两栖明星有刘德华、成龙、梅艳芳等，能将多个频道都做好的人就如两栖明星，能让他们的品牌高度发生质变，其原因主要表现在三个方面：

1.在不同的地方展示，可以让更多的人看到我们。

假如一个人智库做得很好，头条也做得很好，那么，这两个频道的人就都能看到他，这比一个频道看到他的人数肯定会多，其知名度自然会高。

2.做了别人做不到的事情。

通常做好智库的人一般很难做好头条，而做好头条的人一般也很少能做

好智库，但他两者都做好了，这样的人肯定不多，俗话说，物以稀为贵，这样的人才肯定会备受关注。

3.两个优秀的频道相结合，会产生叠加效应，使品牌升华。

一个做市场很优秀的人与一个做管理很优秀的人，共同成立一家公司，通常会做得很好，两个学霸在一起，对于双方都是一个提升，学习成绩会显著提高。做品牌也是如此，花同样的时间能做好两件事的人很少，若能做到，肯定会产生叠加效应，使品牌得到升华。

（二）如何做好多个频道

虽然做好多个频道很难，但不是不可能，试试下面的方法，也许对你会有帮助。

1.做好一个频道之后，再做另外一个频道。

有些人详情还没有做好，就做推广，而且是花重金做推广，这种做法我是不认可的，只有一个一个的频道去做，把每一个频道都做好了，才会产生叠加效应。否则，哪一个也做不好，顾头不顾尾，得不偿失。

2.同时做两个频道时，一定要比单独做一个频道多花一倍乃至更多的时间与用心。

因为做两个频道，肯定要在两个频道之间切换，我们的大脑也要高速运转，不停地转换思路，所以，做两个频道要比做一个频道花更多的时间，当然，也需要更用心。

3.两个频道之中要有一个作为重点。

我有一个学员，做活动忙得连饭都不顾上吃，即使这样，他还是会选择做其他频道，我建议他找人来做其他频道，他只要把活动做好即可。

熊掌与鱼翅不可兼得，顾此必将失彼，人不能太贪心，在能力不够时，踏实做好一个，是最好的选择。

二、申请阿里公众号，在阿里上展示你的品牌

前不久，阿里巴巴推出一个新的功能——阿里公众号，我认为这是一个非常重要的功能，于是，便让我的学员们第一时间去做，去占领关键字。

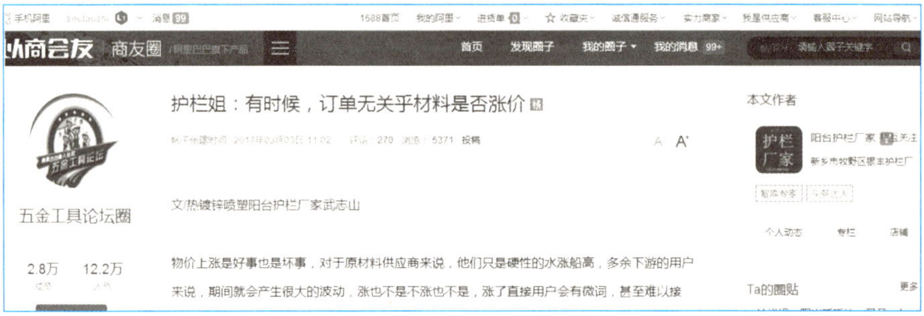

之前，阿里是可以用笔名的，后来政策发生了变化，必须用实名，但公众号推出之后，又可以继续用笔名了，而且还是一个可以加V的笔名，这相当于重新洗牌了，抢占了好的笔名之后，别人就不可以注册了，当然要先下手为强了。

关于阿里公众号，我主要谈两个问题，一是阿里公众号的作用，二是申请阿里公众号的注意事项。

（一）阿里公众号的作用

阿里公众号的作用十分强大，主要表现在三个方面。

1.个人主页上可加V

这里所说的个人主页是指个人专栏。我曾多次强调个人专栏的重要，从阿里旺铺就可以直接点击进入个人专栏，而且我们发表的文章会带来很多流量与转化。如没有加V，我们的个人主页出现的就是一个人名，但加V了，就

会显示出来，不管是在个人专栏上发表文章，还是在商友圈上面发表文章，名字上都会显示加V，加V的阿里公众号信任度与品牌度都会比普通的阿里公众号要高。

2.智库专家或头条作者等，在个人专栏与商友圈都会展示

在之前的章节中，我提到过，写智库的时候一定要写三本，而且其中一本的流量要达到2000，写头条的时候，一定要写三篇，因为公众号有规定写三本智库或者三篇头条，就可以申请公众号了，也就是说并非人人都可以申请，有一定的条件限制。

当智库的作品达到要求后，在进行公众号认证时，就会出现“智库专家”的字样，不过，如果没有达到要求，只要通过了阿里智库的申请，也可以是智库专家，但公众号不能加V。头条也是一样，只有头条作者申请通过了，并且通过的头条数量大于等于三篇时，才能申请公众号。假如我们只符合一个条件，那么公众号上只会显示头条作者或者智库专家。当两个条件都符合时，公众号上就可以显示“头条作者”“智库专家”两个头衔了。

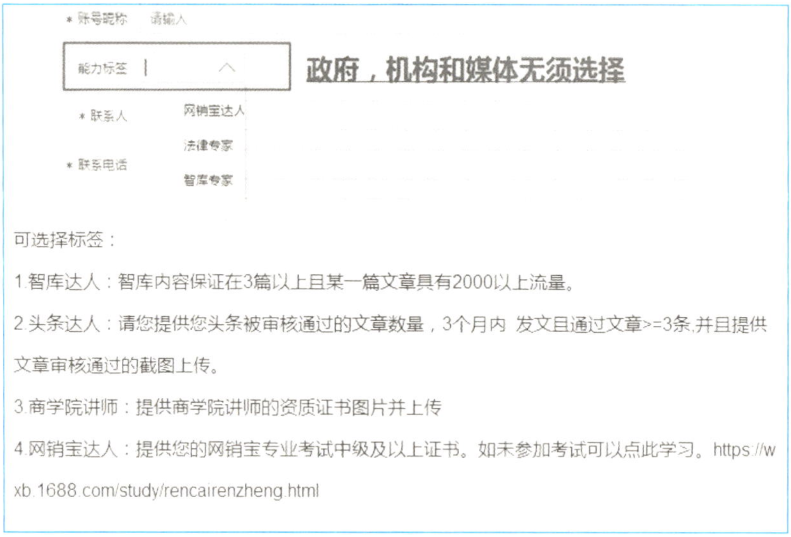

当然，显示的头衔不能无限多，最多只能显示三个，假如你满足了五个要求，平台就可以按照你的要求来显示。

3.阿里公众号的昵称是打品牌最好的地方

阿里公众号的昵称是打品牌最好的地方，比如，我们在阿里上卖服装，若写一篇显示我们个人名字的文章，就需要和别人解释，为什么叫这个名字，但有了公众号，就可以直接申请服装定制厂这几个字，这样在个人专栏或商友圈发表文章的时候，就会显示服装定制厂家，而且你一旦申请了，别人就不能再叫服装定制厂家了。

（二）申请公众号的注意事项

公众号作用有很多，所以，我们必须要去申请，但申请是有条件限制的，而且要抓紧时间，否则我们申请的名字就很难通过，容易被别人占了先机。大家在申请公众号时，应注意两点：

1.个人就申请个人公众号，企业就申请企业公众号

没有开通诚信通的商家只能申请个人公众号，它会显示实名认证，而开通了诚信通的商家就可以选择企业认证，当然，要达到平台的要求才能去申请。

2.一旦申请成功，名字就很难修改

公众号的名字要与品牌方向有关，若做的品牌很多，就写主打产品，如护栏姐，申请的就是护栏厂家、阳台护栏厂家，虽然她销售很多品种的护栏，但这两种产品是主打。

公众号被申请后，就不能重复了，而且还会显示在每篇文章中，所以，我们要第一时间去申请，若没有满足申请条件，就应该认真地去做，满足条件后立即去申请。

三、一定要做品牌背书

当我们把一个平台做好的时候，就会塑造一个品牌高度，在品牌建设过程当中有一个重要的内容，就是品牌背书，不管是对个人品牌，还是对企业

品牌，都非常重要。

我有一个朋友刚开始做阿里的时候，我就对他非常有信心，相信他一定能做成，因为他拿到了一个大公司的网络总代，这家公司在线下的名气很大，只是没有做阿里，这比刚开始做牌子的产品容易多了，他已经成功了一半。

但是大多数人不会如我朋友这么幸运，往往需要从头做起，那么，我们该怎么办呢？要努力做阿里平台的品牌背书，为什么要这样做呢？

（一）经过平台验证，才能获得平台信任度

为什么一定要加入阿里巴巴诚信通呢？因为在其他平台发阿里巴巴诚信通旺铺地址的时候，别人就会知道我们是经过验证的，是有诚信保障的，使得我们不仅能在阿里巴巴平台上获得很多流量，还能在其他平台获得信任度与转化率。

（二）品牌高度的传递

同样的产品，代理大公司的产品与代理小公司的产品，其效果肯定不一样，因为大公司的品牌高度高。同样，在阿里上也有很多等级，以淘工厂为例，它又分为普通工厂、派单工厂、KA工厂。还有我们提到的上首页，文章上频道的首页与上阿里巴巴的首页是不一样的，对于入驻阿里巴巴的商家来说，肯定要争取更高级别的信任度。

（三）思维里相关的展示

什么是思维里相关的展示呢？比如，我一想到商学院的讲师，就会不由得想到我的学员许立冲，想到阿里巴巴十大写手，想到护栏姐，而一想到护栏姐，我肯定也会想到阿里巴巴的十大写手，因为这些思维是相关的。当客户想买护栏的时候，如果他想到了护栏姐，想到了阿里巴巴十大写手，就很可能会找她购买了，即便对她不熟悉，但他对阿里巴巴熟悉，对十大写手熟悉。

而想到许立冲，我肯定也会想到商学院的讲师，想到护栏姐，我肯定也会想到阿里巴巴十大写手，因为这个是思维相关的。还不只这样。比如当我们要买护栏的时候，那么我们会想到阿里巴巴，会想到阿里巴巴十大写手，会想到护栏姐，那么我们就会找他们买了。也许我们对护栏姐不熟，但是我们对阿里巴巴熟，对十大写手熟。

（四）成为故事，更容易传播

我在举例说明时，经常会找一些成功的案例与人物，比如，我经常提到的许立冲、护栏姐，这就相当于给他们做宣传，有人要购买护栏的时候，我也会推荐护栏姐，并附加上一句，她是阿里巴巴十大写手。那么，不管从哪个角度来说，是客户的介绍，还是文章的介绍，抑或是她的演讲、上课分享等，他们都是故事，都是素材，因此更容易传播。

其实，在阿里巴巴这个平台可以做品牌背书的地方有很多，也有非常多资源与机会，而且几乎每天都有机会，比如，商友圈每天都会推荐文章，这么好的资源不去利用，这么好的机会若不去争取，对我们来说岂不是一大损失？于客户而言，他们的体验也不会很好。因此，我们一定要做品牌背书，每天多做一点，就会多一点效果。

四、借助阿里平台，寻找更大的发展空间

俗话说，一技在手，走遍天下都不怕。做阿里也需要一技之长，有些人将阿里做好之后，就可以接受电视采访，可以让更多的工厂给他们供货，在其他平台展示阿里的高度。

我有一个做筷子的朋友，他专门做阿里，与他合作的工厂就有14家，而且数量还一直在增加，因为我的朋友能帮工厂销售货物，只要产品质量过

硬，销路不成问题，所以，很多工厂都愿意与他合作，以前是他求着别人合作，现在是合作共赢。

大家也可以像我的朋友一样，将阿里做好之后，借助阿里这个平台，寻找更大的发展空间，这样做有四大好处。

（一）站外的品牌高度展示

做好阿里之后，我们在其他平台宣传时，就可以提阿里的荣誉，也能带来很多的转化，尤其是在阿里平台上获得的较大成就与荣誉。

（二）阿里的信任度可以传递到线下

以前阿里巴巴每年都会评选出十大网商，被评上十大网商是名利双收的事情，很多线下的公司包括政府都会请网商去分享经验。我有一个学员虽没被评上十大网商，但因做阿里上了央视，成了当地的榜样，一下子名声大噪，很多人都会去他的工厂参观，向他取经。

（三）获得更多合作机会

当你做好阿里之后，就会发现它能使你获得更多的合作机会，因为你是阿里的佼佼者，大家都会向你学习，喜欢与你合作，你也可以带领更多的人做好阿里，比如，有人会向你请教如何做阿里，如何拍摄照片，如何上首页等等，聚集的人多了就会形成社群，从而进行资源整合。

（四）找到更好的合作资源

我先来举两个例子，在德化，不少人的陶瓷生意都做得很好，如果你的流水够大，那么，贷款就会比较容易，还会有人向你讨要订单。你原本做筷子生意，但做菜板的人就可能会来找你合作。因为你做得好，就可以获得更多的合作资源，说不定其他平台会邀请你入驻。

总之，只要我们把阿里这个平台做好，无论是在线上还是在线下，都能获得较大的品牌高度。在借助阿里平台寻找更大发展空间的过程中，大家应该注意两点：

第一，先做好阿里，再寻找阿里之外的平台，这会让你事半功倍，阿里做好了，阿里之外的平台、资源才愿意与你合作，你走出去之后也会有说服力。

第二，线下可以是阿里的延伸，很多平台都可以用来服务阿里旺铺，比如，我们的产品上电视，参加展会，这是线上没有办法做好的，可是将阿里做好之后，在其他平台就会有很好的品牌背书和转化。

再者，很多平台如微信、微博等，都会因我们把阿里做得好而获得加分，与同行相比，就有了更高的品牌高度。

虽然我们主要是做阿里，但也不能忽视其他的一些机会，比如展会、杂志、其他平台等，在做其他平台的时候，一定要带上阿里的荣誉，这会使效果叠加。

把所有的平台都做好之后，我们就提升到了一个更高的高度，我们的竞争力会更强，在阿里上，又比同行多了更多的品牌背书，当然，还有更好的流量与转化，因此，我们一定要努力做好阿里，然后带着阿里的荣誉寻找更大的发展空间。

五、将其他平台或线下的荣誉展示在阿里上

当我们把阿里之外的平台或者线下做得很优秀的时候，一定要记住将其荣誉在阿里上进行展示，使“两个战场”相互促进，相互辉映，这样才能将店铺做得更好，独一无二，阿里生意也会更好。

可以肯定的是，不管是线下还是其他网络平台都会有很多机会，但是，我们一定要把阿里当作大本营，可以把阿里平台之外的客户带进阿里来交易，把每一次成长都展示在阿里上。那么，为什么要这么做呢？

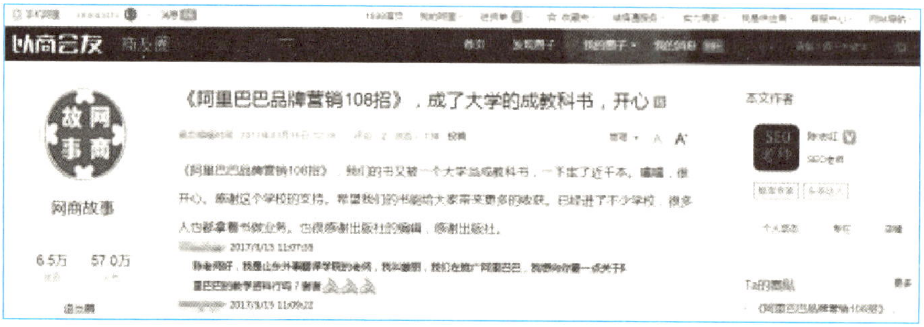

（一）使阿里获得更多的素材

在阿里平台之外，我们有可能已经获得过很多荣誉，如产品上过央视，有很多连锁实体店等，也有可能在其他平台做得非常好，那么，我们就应该将这些内容展示在阿里上，这是我们与众不同的地方。展示的地方可以选择在阿里旺铺，当然也可以通过文章展示出来，最好能展示的地方都展示出

来，这样才能全方位地呈现给客户。

（二）在阿里上会有更多的信任度

刚开通阿里的时候，如果线下已经有了一定的资源，比如公交车上的广告，电视上的资源，抑或是高上大的广告牌，那么，我们就在这些地方加上旺铺的网址，当然，还要把阿里平台之外的优势拍成照片，展示在阿里上。如果接受过电视采访，最好能将整个视频展示出来，这可是稀有资源，对我们来说是非常大的优势，能够获得更多的信任度。

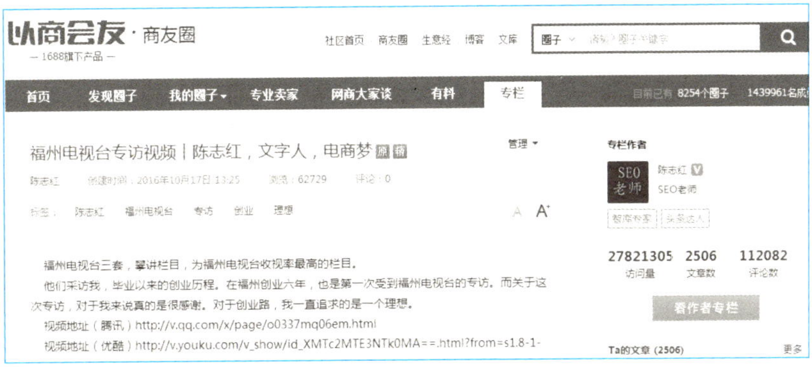

（三）带来更多的流量与客户

无论是在实体中还是在其他网络平台开店，或者在宣传我们的个人品牌时，都要记得写上阿里旺铺的网址，从而为阿里带来更多的流量与客户。总之，每一个展示的机会都不要错过，比如，名片上，或者是在朋友圈里宣传时，留有网址，就能让有需要的客户直接找我们下单。

（四）品牌的沉淀与成长

我们的产品在线下获奖了，我们的品牌在线下赞助了什么活动，谁来我们厂参观了，某大公司定制了我们的产品等等，这些都是非常好的素材，都应该在阿里上展示，尤其要在阿里旺铺上展示，阿里旺铺上展示不了的时候，就去专栏上展示，当然，你还可以在其他平台展示，不过，所有这些展示都应该指向阿里旺铺。

在互联网上做生意，有两点很重要，一是大本营，二是沉淀与成长。有些人也许不会立马来买我们的产品，但他们在有需要的时候会来买我们的产品，或者在他们身边的人有需要时，会将我们的产品推荐给别人。如果我们的店铺不存在了，客户就无法找到我们，但如果大本营还在，就永远会有机会，这就是为什么很多人的诚信通开了很多年。

再来说一说沉淀与成长。也许有些客户没有购买我们的产品，他们可能是我们同行的客户，甚至是我们的同行，但当他们看到我们一直在用心，一直在成长，一直在沉淀的时候，当他们有需要的时候，就会找到我们，希望与我们合作。做B类生意，需要我们去争取每一个机会，我们不仅要做好阿里，更要坚持做阿里，这样客户在什么时候都能找到我们。

网销宝

一、网销宝：花小钱大回报

免费的频道虽然很好，但在条件允许的情况下，在免费的频道做好之后，就要去做付费的频道，才能让我们百尺竿头更进一步，实现腾飞。

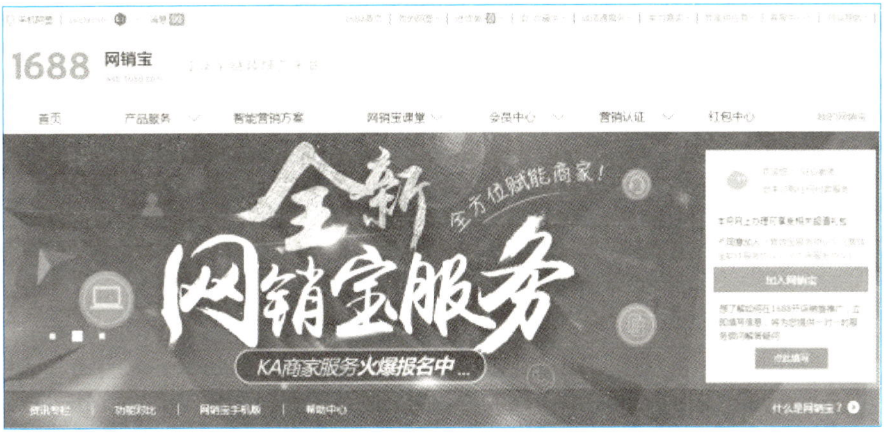

我有一个学员，之前一年能在阿里上赚50万，可他一年花在阿里上的广告费就高达50万，因为他不知道如何做阿里，后来，在我的指导下，只是将描述稍微做了一下调整，再加上高达50万的广告费，使他的生意立马就好了起来。

若要使用付费推广，我首推的一个产品就是网销宝，我为什么会钟情网销宝呢？这是由它的五大特点决定的。

（一）可以控制每天的开销

网销宝按照点击的次数收费，而不是按年收费，其费用相对就会较低，我们可以用更精准的关键字，比如长尾词，还能设置每天的预算，每个关键字花多少钱，这样就不会超过我们的限额。

（二）自己可以设置推广时间

不推广的时候，我们可以随时关停，比如生产忙不过来的时候，或者某个产品已经全部卖光的时候，抑或是销售季节性的产品，清理库存，就可以不进行推广。

（三）可以自己设置关键字与投放地区

如果你的产品是针对本地销售的，在投放的时候，就可以在后台进行设置。另外，关键字也可以自己设置，包括什么样的关键字，什么样的价格，这对我们来说，就会有更多的可控性。

（四）努力提高质量分，就能减少投入

阿里网销宝的排名与展示位置，也可以自己设置，网销宝的扣分规则是，扣费原理=下一位质量得分*下一位出价/您的质量得分+0.1元，自然排名是不会扣钱的，那么，我们就可以努力提高质量分，质量分主要与转化率有关，而转化率就是一个客户从网销宝点进看到信息到成交的过程。影响转化率的因素有很多，比如产品的标题是否有吸引力，图片是不是专业，类目划分是不是正确等等。

（五）数据清楚

网销宝能够给我们提供清楚的数据，我的学员在选款之后，会有一个测款，以卖童装为例，我们清楚消费者喜欢哪款产品，就可以用网销宝来测试，确定哪款产品比较好卖之后，就可以选择更多的接近畅销款的产品了。

需要提醒大家一点，虽然网销宝是清理库存的一个好工具，但我们要清楚网络推广，尤其是阿里推广，是一个长久的过程，不能为了清理库存才做推广，而是要长久做推广，因为我们的目的是接到更多的好客户的订单，销售我们的主打的重点产品，让新客户成为老客户。

二、在什么情况下做网销宝最合适

是不是用网销宝推广，就能产生非常大的效果，让我们的生意如日中天呢？并非如此，它只不过是一种推广工具，关键还得用心做阿里，产生效果也是在用心做阿里的基础之上，吸引更多的意向流量，将营销效果放大。

倘若一些基础的工作没有做好，即使我们做了网销宝，效果也不会很好，阿里虽然帮我们导入了流量，而我们却不能实现转化，万丈高楼平地起，只有做好了基础，才能有更大的效果。那么，在什么情况下做网销宝最合适呢？

（一）在做好装修及免费频道，希望得到更进一步的推广的情况下使用

做好装修不只是首页，还包括详情页、移动端、引导，这些都做好了还不够，还要将免费的推广做好，这些都是基础，打好了基础，网销宝才能帮我们发挥最大的效果。

（二）在销量不错，希望能增加主推销量的情况下使用

某一款产品的排名已经很稳定，每天都能有很多订单，但我们希望能有更多的订单，这个时候适合做网销宝，因为基础已经很好，现在希望借助网销宝让效果倍增。

（三）在销量很好，但排名不稳定的情况下使用

网络排名可不可以稳定一些呢？当然可以。我有一个朋友做电脑配件生意，两年多的时间他一直排在第一名，单条信息就能让他一年销售几百万，但有时转化率、服务等会出现波动，从而影响到生意，此时就可以用网销宝。

（四）在测款或清理库存的情况下使用

虽然测款与清理库存时可以使用网销宝，但一般情况下是不会使用的，

因为我们有很多老客户，当我们作为新款上架的时候，市场会有判断，更为重要的是我们自己的判断。网销宝是在不得已的情况下才使用的，但在测试后，要做到自然的排名，因为我们要花小成本赚大钱。

（五）在转化很好，钱不多，希望每天都有稳定流量与咨询的情况下使用

比如，在德化有很多人做陶瓷生意，他们开旺铺的同时，又管理工厂，在做好免费推广之后，又做了网销宝，因他们平时很忙，而且每天的咨询量都很稳定，对于他们来说，相当于请了个人做阿里。

网销宝虽然效果明显，但很少人会一开店就直接靠网销宝做起来，即使是他们对市场、对产品、对行业，都有较高的基础。我建议大家在做网销宝之前，一定要做好转化，做好品牌，最好是在没开网销宝之前，就已经有很多生意了，这样开了网销宝之后，生意才会更好。

当然，每个做阿里的人早晚都会接触到网销宝这款产品，因为它的作用非常大，即便不清楚它是否适合自己的行业，也应该去试一试，而且我们要坚信它是有效果的，所以一定要学好用好这个工具。

三、做网销宝前后需要做哪些维护

有的人说，他每天都很忙，因为用了网销宝，每天都会有客户来咨询；也有的人说，他一直做免费推广，也接了很多订单。他们说的都有道理，免费有免费的好处，付费有付费的优势，但是，我们不应看到用网销宝轻松就忽视了每天要做的很多维护。

在我朋友的公司里，一个网络推广员的工资是4000元，而竞价人员的月工资是6000元，却招不到人，因为后者需要技术，需要维护与调整，可见，

有时候花钱一点都不比赚钱容易。

现在，言归正传，我来讲一讲做网销宝前后需要做哪些维护，主要包括五大方面：

（一）免费的推广是不是已经做到最好

阿里平台上有很多免费的推广方式，如详情、首页、专栏、公司动态、引导，这些都是基础，如果这些没有做好，而是直接去做网销宝，也许会有效果，但效果不会最大化。相比之下，如果同行将基础都做得很好了，即使没有做网销宝，生意也会很好，所以，我们应该先把免费的推广做到最好。

（二）对比同行，明确自己的主推

假如把自己想象成一个采购员，我们进入阿里平台后，会选择看什么样的主图，会看什么样的勋章，需要什么价格的产品，产业带是不是对的，与同行相比，还有哪些地方不够吸引人，客服的话术又是怎样的，通过这样的假设，我们就能发现其中的问题，从而进行改善。

（三）每天都要看排名与数据，随时调整出价

有人说，排名第一的咨询量会是排名第六的十倍，是不是真的如此呢？这需要测试，当我们在竞价的时候，同行也在用网销宝，我们每天出价多少，每天排多少位，质量分怎样去提升，如果要提升，还需要多少人配合，还需要做怎样的调整，这些都是要及时做出安排的。

（四）不同节假日设置不同的主图

其实，不仅是在不同节假日应该设置不同的主图，即使在平时，主图也应该调整。一个生产服装的朋友，他请了三线明星代言，仅仅一个详情做下来就要十万。为什么会有这么高的费用呢？原本已经约好了明星，但后来发现明星将头发剪了，根本不能做主图，所以，他又要换人拍摄，费用就高了，由此可见主图的重要性，它不仅决定了点击率，更决定了转化率、质量

分，以及信息的自然排名。

（五）测试关键字、地区、时间段

由于不同的关键字会带来不同的咨询，不同的排名会带来不同的客户，不同的时间、不同的地区也会带来不同的效果。所以，我们要想办法用最少的钱使效果得到最大的提升，而这就需要做很多测试，而且随着时间的变化，我们的关键字也会发生变化。

做网销宝需要注意的细节有很多，也都很重要，但更重要的是公司的大方向，即我们之前说的装修、品牌等。也许，你从表面上看，有些人的网销宝做得不怎么样，但效果却源源不断，此时，我们就不能只盯着网销宝看，而是观察网销宝背后的东西。

比如，是不是有一个好的公司名，是不是在产业带，老板是不是很用心，店铺的装修是不是做得很好，是不是有引导等等，这些做好了，做网销宝的效果就会成倍增加，当然，网销宝技术更是需要我们花时间去研究的。

首位展示

一、有必要去尝试一下首位展示

首位展示是阿里巴巴的一个付费产品，我们只要购买了其中的关键字，就能让我们带有关键字的产品在一个月之内排名第一，还会有标志显示。其实，这个首位展示就是之前的标王，这也是一个重要的付费产品，该款产品的优势主要表现在五个方面：

（一）拍到了关键字，别人就无法购买

做网销宝的时候，最担心的是价格的波动，大家随时都会出不同的价格，有时我们的花费会很贵，而且要一直盯着屏幕看，只要我们购买了关键字，我们在一个月内的排名都将是第一。

（二）固定在第一名的位置，独家展示

虽然第一名的位置是固定的，但手机端与电脑端的显示是不同的，也就是说，手机端与电脑端的关键字的价格是不同的，如果我们购买了手机端的关键字，但电脑端的被别人购买了，那么，手机端的关键字就展示我们的，而电脑端就展示别人的关键字。

（三）按月付费

不管别人怎么点击，都不收取费用，因为它是按月付费的。据我了解，知道网销宝的人很多，但知道首页展示的人就没有那么多，而且首位展示需要秒杀，有些人就可能会错过，所以，有时候我们可能会花比较少的钱买到首位展示。

（四）操作简单，省时省力

有不少人不愿意一直盯着网销宝看，嫌选词麻烦，所以，会买首位展示，这款产品操作简单，只要直接购买即可，省时省力。

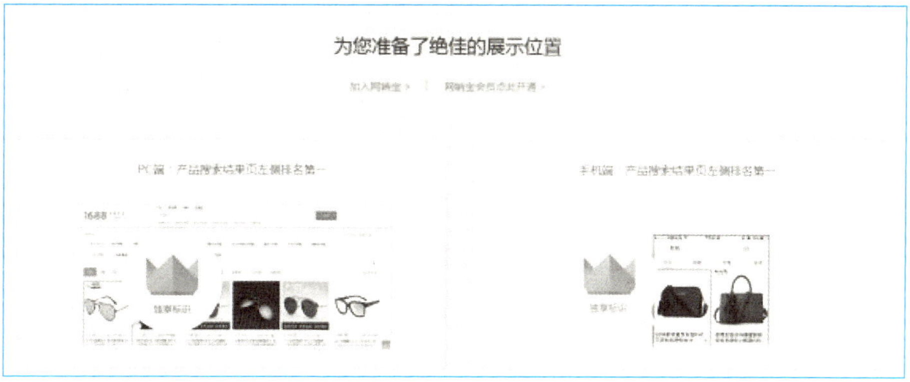

（五）皇冠标志，彰显品牌

无论是同行还是客户都会关注谁是第一名，而且第一名还会有一个皇冠的标志，看起来很上档次，如果连续几个月都是第一名，那么，对客户来说是非常有杀伤力的，很可能会选择下单，何况很多人不清楚这是广告呢！

有些人愿意购买标王，因为性价比高，有时一个词带来的流量和转化率比几百个词带来的流量与转化都要高，建议做阿里的人有机会去尝试一下，不尝试就不知道这款产品好不好，会给我们带来怎样的好处。当然，前提应该是我们将基础做好之后，再去尝试，才能将流量转化。

现在再来说一说如何购买首位展示，首位展示是网销宝的一个功能，我们只要直接进入网销宝后台就可以看到首位展示的菜单，就可以查询到要买的关键字及其价格。

另外，首位展示分竞拍与秒杀两种不同的购买方式，竞拍成功就不能参与秒杀，每个月的1号到30号投放，因为首位展示只是针对现金账户的网销宝用户购买，所以要先充值。而每个月竞拍秒杀的时间不一样，我们可以在后台全年售卖一览查看。

二、让爆款更爆，从高销量产品做起

我经常对学员们说，你们一定要做到第一，即使在阿里巴巴平台做不到销量第一，至少要做单品第一，而单品要做到第一，基础肯定是要排名第一的。其实，在阿里巴巴平台上，要把握这样一个原则，即不要让所有的产品都有排名，都有销量，而是让其中某一款产品的排名很靠前，销量很靠前，然后用这款产品来带动整个旺铺的销量。

所以，我们做阿里首位展示的时候，绑定的信息一定要是爆款，一般都是高销量的产品，为什么要这样做呢？

（一）会有很高的转化

做首页展示的时候，我们的信息排名在第一位，那么，自然会给我们带来很多展示，尤其是购买流量比较大的关键字的时候。但是人来了，我们能不能让他们点击，点击进去能不能购买，能不能联系我们呢？所以，我们肯定要把爆款先放在上面，而这个爆款肯定是在我们买首位展示之前就销售很火的产品。

（二）爆款能为我们带来尽可能多的客户

因为我们需要最大限度的转化，所以，我们要让爆款带来尽可能多的客户，也许我们只有100条信息，但因为转化率最高，所以销量最大。

还有一点，成交只是第一步，因为很多客户会尝试先买一些回去，好的话才会大量批发，而大量批发才是我们的第二步，所以，只有先成交才会有机会。

（三）可以做好自然排名

我们做首位展示是为了做好排名，在购买生效期间一定会排在首位，但是之后如果没有购买首位展示，自然排名会不会相对靠前呢？会的。很多人购买首位展示就是为了做好某条信息的自然排名，而关键是转化率，购买首位展示一定会有更多的曝光机会，此时，只要做好点击的转化，做好购买的转化，做好老客户的转化，那么，我们的自然排名就会靠前。也就是说，后期即使我们没有购买首位展示，自然排名也会靠前，所以首位展示对自然排名的作用很大，当然，若想有持续的排名，就要做好运营。

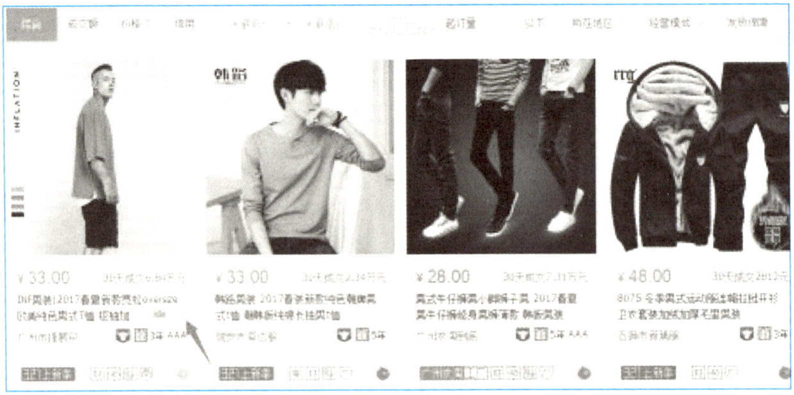

（四）可以随意更换首页展示的信息绑定

购买首位展示之后就要用，比如更换我们的信息绑定，我的建议是，除非是我们的第一条信息已经没货了，或者其他意外，才能更换，否则就坚持第一条信息，即爆款信息，若更换，就更换排在第二名的信息。

阿里平台上的工具越来越多，但所有工具的使用都应该在转化率做好的前提下，否则，这些工具就没有办法发挥最大的效力。然而，不管什么样的行业，提高转化率的一个重要方法就是品牌高度，不管我们怎么做阿里，其最终都是要比同行做得好，这样我们才能脱颖而出，做阿里巴巴的核心就是留住客户，无论客户与我们是否成交。

Part25

阿里实力商家

一、加入实力商家会让你的收获颇丰

我的学员们在阿里巴巴推出实力商家的第一时间便加入了，因为我们相信阿里，跟着阿里走肯定错不了，事实证明选择是正确的，学员们在很短的时间里就接到了多笔订单。虽然现在加入实力商家的越来越多，但依然能享受头部红利。

我们做阿里平台，就要努力做到最好，在这个平台上最顶尖的莫过于实力商家，就像淘宝里的天猫，接下来，我就来讲一讲一定要加入实力商家的理由：

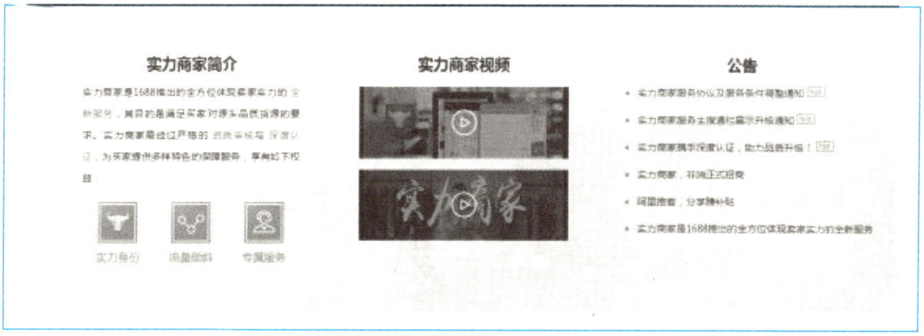

（一）有实力商家的标志

实力商家的标志是荣耀与实力的象征，加入实力商家后，不管是在店铺里，还是在每条信息上，都会显示出实力商家的标志，就像淘宝，如来自天猫就会显示，其他淘宝商家则不会显示，在大众的思维里，天猫一定比淘宝更高级，阿里的实力商家也是一样的道理。

（二）更多的押金与保障

加入实力商家需要交更多押金，费用为16000元，而且要承诺三个保障，即质量保障、发货保障、换货保障。因此，在同样的条件下，买家更愿意选择实力商家。

（三）流量的倾斜

阿里对实力商家会有一定的流量倾斜，这就意味着实力商家会有更高的转化率，也会有更多的流量。

（四）可以参加更多活动

阿里平台上的很多活动不是人人都可以参加的，是有一定限制的，但对实力商家的限制会少一些，而且实力商家参加活动会更有优势，会接到更多的订单，因为会显示实力商家的标志。

（五）品牌高度

做了实力商家，代表着又上了一个新的层次，我们会有更多流量，更多订单，同时也会承诺给消费者更好的服务，其实不只是在阿里平台，在站外或者线下，当别人知道我们是实力商家后，也会被认为我们是更有保障，更有品牌高度的，会获得更多关注。

其实，不管是实力商家还是其他频道，在阿里推出的第一时间，就应该抓紧时间去加入其中，这样才能得到更多的红利，而且要努力做到最好。因为任何一个行业，做到了第一名，往往都能占领70%的市场，这就是品牌效应，让强者更强。

未来，随着市场的调整，阿里肯定还会推出很多新的服务。现在，我们一定要努力做好每一个功能，在阿里下一次新产品推出的时候，第一时间加入，这样一来，我们又可以获得很多头部红利。

实力商家是淘宝版的天猫，在未来很长的一段时间里，10年甚至是20年，都会存在，也会是阿里重点扶持的频道，所以，大家一定要做好这个频道。

二、什么时候加入实力商家最合适

我有一个朋友以前在淘宝做铁观音茶叶的生意，做到了第一名，天猫商城推出之后，他认为自己已经在淘宝做到了第一，就无需加入天猫商城了，因为很多人加入了天猫商城，流量便向天猫商城倾斜了，他现在很后悔，他说自己错过的不只是时间，更是一个风口。而阿里的“天猫”就是实力商家。

虽然加入实力商家是对的，但是在什么样的情况下加入最合适呢？我认为大家应该从以下六点考虑，有一点适合就应该赶紧加入，若多点适合就更不要犹豫了，马上加入。

（一）诚信通已经做得很好，想做得更好一些

当我们把诚信通做得很好的时候，千万不要认为已经很好了，不需要更好了，不然就会和我那个卖茶叶的朋友一样，错过了风口，我们要勇于进取，不断追求，在诚信通做得很好之后，就应该加入实力商家，加入实力商家就等于让爆款更爆，不管是转化率还是流量都会远超同行。

（二）诚信通数量较多的商家

有些人会开通多个诚信通，甚至一个业务员就有一个诚信通，假如一个公司有十几个业务员，那么，他们一年的销售额就要上亿，我的学员灯姐就是如此。在这种情况下，至少要有一个加入实力商家，这会带来更多的优势，会把其他业务员提升到一个新的档次，也是对客户更好的承诺，若客户在购买产品时有所担心，也可以让他们去我们的实力商家上去拍。

（三）一年的广告费用超过加入实力商家费用的两倍的商家

我的一个学员在阿里做服装实体店招商，一年仅在阿里花的广告费就要60万，而一个在义乌做文具的商家，一年在阿里的广告费用也高达50万，前者是做品牌招商，后者是做批发。我建议这种情况一定要加入实力商家，不仅会增加很多流量，更会大大提高转化率。

（四）实体企业、实体品牌做得都很好的商家

阿里平台上有不少企业在实体上已经做得很好，或许是因为在实体中做得好，所以，他们对线上不怎么关注，或者是因为不知道如何操作。正如我朋友所说，大公司的店却像小杂货店，而一个人的公司却搞得像大公司。如果在线

下实体企业、实体品牌都已经做得很好，就可以加入实力商家，这对客户也是一种很好的体验，就像大老板一定要开豪车一样，都是为了更好地做生意。

（五）在实体行业有一定影响力，或者想要快速成长的商家

在实体行业排在前几名的商家，或者想要快速成长的商家，都应该加入实力商家，因为阿里平台是创造奇迹的地方，在这个平台上，有的人就靠接单，一年就可以实现几千万的销售额，那么，这些具有实力的或者想快速成长的商家错过这样的机会，岂不是可惜吗？

（六）想努力在阿里上打造品牌的商家

对于想打造品牌的商家来说，不能只有一个阿里旺铺，还应该加入实力商家，它是一种品牌高度，是一种宣传的素材。

实力商家是每一个做阿里的人都应该加入的频道，倘若感觉自己的条件还不够，那就好好地朝这个方向努力吧，待条件成熟后，第一时间加入到实力商家中去，以获得更好的发展机会与空间。

三、加入实力商家需要做后期维护

加入实力商家会有很多好处，如更多的曝光量和转化率，但这不等于加入之后，就万事大吉了，而是要想办法把它用到极致。其实，这与诚信通一样，你加入了实力商家，同行中肯定也有加入，要想比同行强，就需要把基础做好。

也就是说，加入实力商家后，还需要做后期维护，那么，该做哪些工作呢？具体说来，主要包括五大方面：

（一）装修上的调整

按照我们之前讲到的要求来装修诚信通，肯定会有较高的转化率，但

诚信通是无法将很多东西呈现出来的，比如，加入实力商家后就会有质量保障、发货保障、换货保障，我们是实力商家就应该突出这三项内容，不管是PC端，还是移动端，更能体现实力，更体现保障。

（二）参与活动

实力商家有一个很好的功能，就是活动，它有直接的区域，而且可直接参加，一般不会受到限制，很多实力商家都会参加活动，但他们往往没有专业的人才，只想着让更多的人加入其中，有更多的转化。做到这一点远远不够，而应该想办法在这个活动中做到最好，因为这个活动是一个很大的流量入口，倘若成为活动中的佼佼者，必将会吸引更多的关注。

（三）专业客服与引导

实力商家更应该重视客服与引导，比如，一定要24小时在线，因为这是按年收费的，可以一直在线，当然，客服要着重强调保障，尤其是在手机端，一定要做好引导，因为我们可能不会年年都做实力商家，此时正是积累客户的好机会。

（四）DSR维护

DSR维护不管是对诚信通还是实力商家，都非常重要，当然，对实力商家就更重要了，以为它的投入更大，自然要求会更高。

DSR是什么呢？就是买家的服务能力，很多人买东西时都会看这个，包括货描相符、反应速度、发货速度、回头率，而回头率就是老客户，其他的就是在买家确认收货之后的评价。

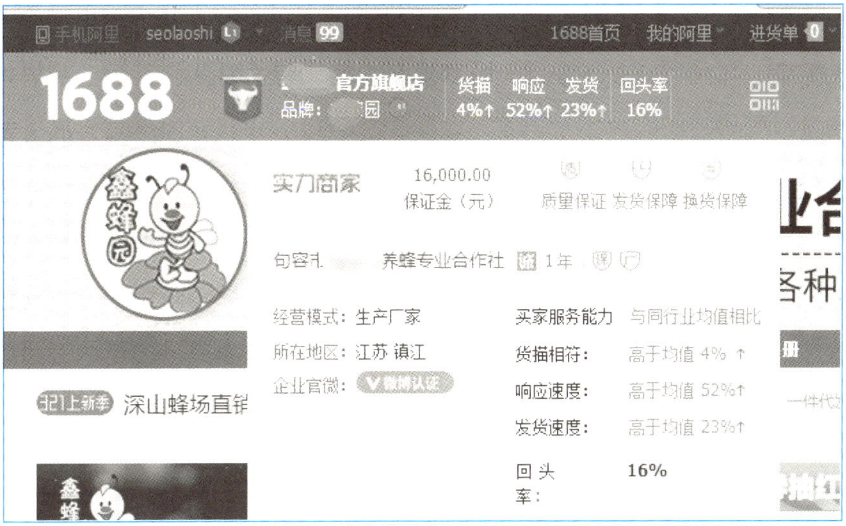

（五）爆款

不管是付费推广还是免费推广，我们一直都在强调做爆款，因为我们不可能让每条信息都稳定地排在第一，只能想办法让爆款更爆，然后让爆款带动全店的销售。

总之，加入实力商家会有诸多好处，加入之后，我们更应该好好地去做，想办法在更高的平台上做到最好，也许现在我们只开通了一个实力商家，以后说不定会开通5个、10个实力商家，只要每一个实力商家都能最大限度的盈利。

四、在外围当中来宣传实力商家

当我们的同行加入实力商家后，我们会第一时间知道，因为他们会做很多宣传，在外围当中来宣传，这一点值得我们好好学习，学习他们把一个有限的资源做到极致。

实力商家代表的是一个实力，代表着更多的保障，这个实力与更多的保障不只是在阿里巴巴上让别人看到，在其他的地方，保障与信任度，更是可以成立的。所以，只要可以展示自己的地方，都应该去展示，那么，该去哪里展示呢？

（一）阿里社区

阿里社区有着很大的市场，只是很多人都很少用，而我们不仅要去用，而且要用到极致，包括专栏、头条、中小企业商学院，我们在分享的时候，都应该分享跟实力商家有关的内容。

（二）名片

我的很多学员都将名片用到了极致，一个业务员一年都要发3000～5000张的名片，那么这个名片发到哪里呢？线下的见面、参加会议、每次的邮递样品等等，名片上不仅会写我们的主营，更会写阿里的网址，加入实力商家后，当然不会忘记把它写上去，名片永远是个人最好的入口，而个人永远是外围进入阿里巴巴旺铺的最好入口。

（三）聊天工具

比如微信、QQ，这是我们常用的聊天工具，在这两个工具上有我们很多的客户、朋友，那么，我们就在最显眼的地方留下阿里旺铺的地址，说明我们是实力商家，这既给需要购买商品的朋友提供方便，也让我们在他的好友当中脱颖而出。

（四）网站

我们经常说，外围的交易一定要导入到阿里上来，比如，很多人会来看我们的网站，但往往不会成交，因为无法下单，也看不到我们的实力，只是我们的一个展示，而当我们链接到阿里实力商家的时候，就会产生质变，他们需要购买的时候，就可以进入我们的实力商家购买了。

（五）在产品上展示

我有一个朋友，是生产饮料罐的，产量很大，现在他们在做一个项目，叫一罐一码。细想一下，我们每天出那么多的产品，这些产品上面的包装不就是最好的广告位吗？我们可以在上面写上阿里的网址，也有一些人会写独立网站的网址。如果公司不大，可以写阿里的网址，它能让人产生信任，当公司壮大了，我们写独立网站时，也可以链接到阿里。

（六）其他地方

可以展示的地方有很多，只要我们能想得到就能办得到。我有一个朋友做实体批发，他在他的店面上直接挂了一个很大的牌子，上面写着“阿里实力商家，欢迎旺铺下单”，他的店铺不在中心地段，但因做实力商家，很多人也许不认识他的店，但都知道阿里巴巴，都知道实力商家，所以，很多人会直接找他批发。

在外围宣传实力商家，当客户想购买的时候，又可以直接进入阿里购买，而且还让客户有了更多的保障，对我们来说，增加了流量与生意，这是一个多赢的效果。

Part26

微博端

一、先设置好微博名，再绑定诚信通

如今，阿里巴巴诚信通已经升级为全网的诚信通，价格也从3688元涨到了6688元，当然，阿里也让入驻的商家享受到了更多的权益，比如，阿里微博，这相当于让每一个诚信通都可以拥有一个属于自己的企业微博，并且可以一键认证。

一键认证，使我们不仅能在诚信通旺铺看到微博，还能在微博看到诚

信通的标志。在这个内容营销的时代，做好微博营销，可以赢得很多的关注，可以很好的维护老客户，而且很容易传播，从而为阿里旺铺带来流量与客户。从阿里的角度来讲，微博又让我们拥有更多展示自己的维度，宣传自己，沉淀阿里客户，提高转化率。

开通微博很简单，但要做好它不容易，在开通微博之前，最好先学习，掌握一定的技巧，因为有些东西一旦注册就很难更改，比如阿里登录名注册之后就不容易更改，公司名也很难再改，变更企业微博名更难。

以公司注册名为例，假如我们做陶瓷生意，就随意的在本地注册科技公司，很难会给我们带来流量，而要去德化注册陶瓷厂，不仅可以加入产业带，还会带来很多流量，因为很多购买陶瓷的客户都会去德化陶瓷厂。

再有，我曾多次讲过，将基础做好之后，排名就会靠前，如果我们要购买首位展示，那么，产品的标题上就必须要有首位展示的关键字，其实，不只是产品排名，公司排名、微博更是如此。

我有一个学员，在学习了我的排名课程之后，就在微博上设置了关键字，使得很多人在微博上都可以搜索到她，比使用诚信通搜索的人还多。她做的是logo设计、品牌设计、商标设计，我们现在去微博搜索，她也出现在第一位，为什么会这样呢？因为她的微博名字就叫logo设计标志设计商标设计，这个名字是不是很奇怪呢？但她就是靠这个微博获得了巨大的流量，不用做其他事情，每天都会有很多人来找她咨询，而且她的设计费用还要比别人高。

这就是自带流量的词，因为她的微博名字上带有关键字，我们在搜索关键字时，就可以将她的微博搜索出来，有很多人没有考虑到这一点，名字叫得很奇怪，别人根本不会去搜索，自然就会失去了很多做成生意的机会。

看过她的案例，你是不是也想更改微博名呢？可以先设置微博名字，在阿里巴巴后台一键绑定。不管个人微博还是企业微博，有没认证，一键绑定诚信通后，就会变成有绑定诚信通的企业认证微博，微博就会展示诚信通的标志。

微博名设置关键字，等于是自带流量。那些还没有绑定微博的诚信通，一定要先设置好关键词，然后再一键绑定，或者是把我们之前的微博修改名字后，再绑定。有些微博之前有图文基础，在基础上做事，会事半功倍。

微博名设置好后，要绑定诚信通，方法很简单，只要在阿里后台的右上角的搜索里面直接搜索微博，就会出现一键绑定微博功能的信息，我们只需将设置好的微博进行绑定即可。

二、设置好微博会给你带来自动流量

虽然设置好微博名可以自带流量，但仅做好这一点远远不够，就像做阿里巴巴诚信通一样，我们还需要装修，需要将其与品牌方向相结合，要做得更专业等。

相比之下，做好微博的基础工作更为重要，因为它属于广告微博，与其他微博不一样，它有更多的互动，很高的排名和转化。微博的设置与定位密切相关，在进行微博设置时，大家应做好以下六点：

（一）头像的设置很重要

除了微博名之外，最重要的设置莫过于头像了，在搜索微博时，会出现微博名字、粉丝数量，再有就是头像，头像在很大程度上决定着搜索者是否点击。通常情况下，应该使用自己的额头像，虽然是企业微博，但用个人头像会让人感到亲切、自然，更愿意与之沟通交流。

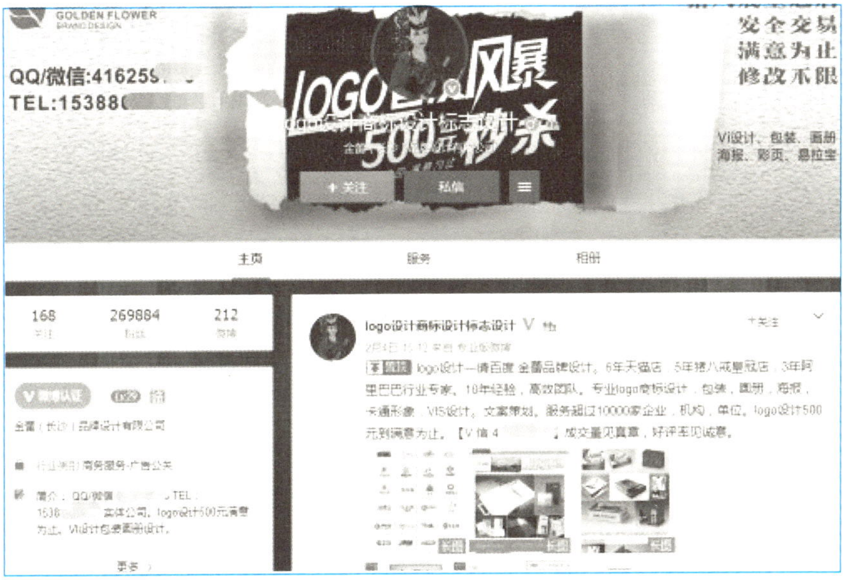

（二）简介上要有关键字

每个微博上都有简介，不少人的个人简介会随时变化，因为这是做生意的企业微博，所以，我们在写简介的时候一定要有联系方式、关键字，而关键字一定是围绕着微博名的关键字，如微博名不是关键字，就写公司的主营。

（三）微博的原创性与关键字

微博一定要原创，而且内容最好长一些，至少要100个字，以保证专业性，因此，我们一定要写与自己行业有关的内容，而不能随便写心情。

此外，微博内容中一定要有关键字，而且要根据自己的话题来写，以做logo设计为例，很多微博都是#LOGO，因为这是企业微博，除非特殊情况，不然不要去转发别人的微博。

（四）专业性与引导

因是企业微博，所以微博内容要突出专业性，就像做装修时，一定要在装修图片上留下QQ、微信，或者引导到阿里旺铺一样，这样客户才会找我们下单，引导是为了留住老客户，更要在他们下单时，知道如何去做。

（五）微博头条文章

微博上有一个微博头条，它与发微博一样，只要发微博的时候选择头条文章即可，但一般是针对专业的、篇幅较长的文章，而且内容要围绕着产品展开，以保证整个微博的专业性。

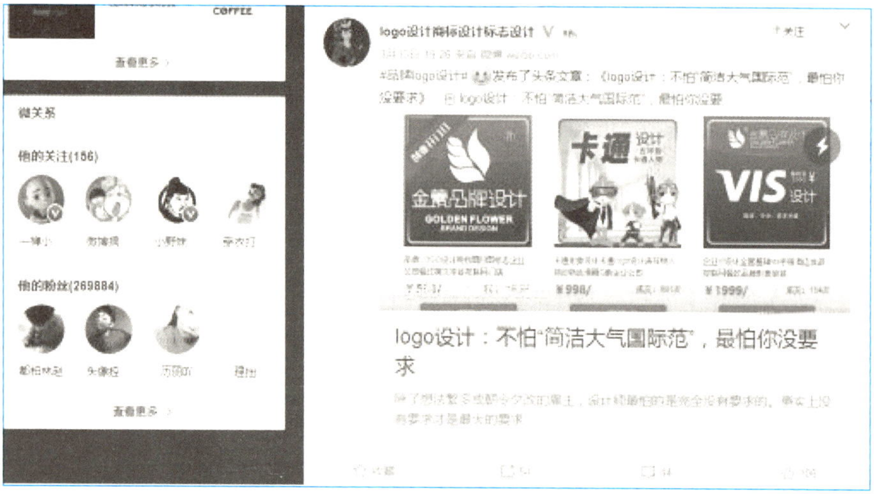

（六）更多粉丝量

有人说做微博是为了获得更多粉丝，我认为这比较难实现，就像我们做阿里为了获得更多的客户咨询，需要做很多事情一样，其实，我们只要把关键字设置好，有了基础的粉丝就够了。当然，获得粉丝的方法有很多，我们只需要让排名靠前，实现更好的转化即可，所以，我们只要有基础的粉丝就可以了。

设置好微博，也许会给我们带来很多生意，也许会不尽人意，但是不管结果如何，只要有一点机会，我们就应该好好把握，好好地去做，好机会都是留给有准备的人的。

三、微博数量不一定多，但互动要多一些

微博营销的方法有很多，有的人会通过多发微博营销，有的人会通过其他地方引流，也有的会花钱涨粉，抑或是花钱做广告等等。但对企业微博而言，尤其是规模较小或者名气不大的公司，我的建议是，发微博的数量不一定很多，但互动一定要多一些，为什么呢?

（一）精华的微博比杂乱的微博更好

有些人在微博设置好之后，就会不停地、尽可能多地发微博，认为这样做就会有效果，尤其是发一些广告，因为关注的人很少，此时硬发广告是不会有效果的。

当然，有些勤奋的人是靠量做起来的，之后引导了很多关注与转化率的也有，但对于新人来说，最好注重质量，注重精华的微博会比杂乱的微博更好，转化率会更高。我有一个学员，他的微博都开通好几年了，但只发了200多条微博，平均一个星期一条，可生意却很好，排名一直在最前面，相反那些杂乱的微博，虽然发了很多条微博，生意却不怎么好。

（二）有互动能更好地维护客户，并能展示自己

微博有评论功能，若我们经常对朋友或者客户的微博评论，那么，他们的很多粉丝也会来看我们的微博，当他们看到我们的微博名之后，就知道我们是做什么的，看到我们的头像时，就有可能点进来。我有一个朋友就是通过这样的方法增粉的，他每天都去名人的微博下面评论，越评论越经典，于

是，他的粉丝也越来越多。对企业微博而言，评论可以维护老客户，并展示自己。

（三）有互动才会有更多粉丝与转发评论

如果我们的微博没有人看，没有人评论，没有人转发，粉丝就会很少，那么，排名肯定上不去，而且很难有转化，但是，如果我们经常去别人家的微博互动，我们的粉丝也会越来越多，即便我们发的微博不多，但每一条都很用心，他们也会帮我们转发评论，那么，我们的排名就上去了，粉丝量也会增加。

（四）做品牌高度

不同的人玩微博的方法不同，我有一个学员在微博上写文章，每天都在微博上发，虽说粉丝数量不大，转化率不是很高，但因为用心写，且数量较多，所以，这也是在做品牌高度。如果你不能保证微博的数量，我的建议是每一条微博最好让朋友帮忙转发一下，每一条都让朋友评论一下，这样就会显得微博数量较多，而我们的客户看到很多人转化、评论，文章又写得很用心，也会关注我们。

微博营销又称为社交营销、内容营销，所以，我们必须要做好以上四点，其实，说到底就是做好内容与互动，尤其是B类的企业微博，我们不一定要有多少粉丝，但一定要保证质量。

当然，有些人的微博有很多粉丝，大家都知道阿里上有一个频道叫微商进货，即采源宝，我们是可以将采源宝转发到朋友圈、微博的。所以，只要有微博的人，只要愿意做，都可以在微博上做销售，而且不需要进货，只要做好推广即可，有了订单，我们收钱之后，就可以下单，让阿里来发货。

不过，对企业微博来说，最重要的是要做得专业，即使有很多流量很多粉丝，依然要努力争取更多的流量，努力为企业、产品服务。

四、通过在微博上举行活动来增粉

很多网络平台都会举办各种各样的活动，以双十一为例，每年双十一前后，阿里巴巴都会举行大型活动，帮助商家配货补货，那么，为什么要举办活动呢？因为它能在较短的时间里获得较大的影响力。

每当商家举办大型活动时，其微博都会推出有奖转发的活动，如我们经常会看到转发某条微博，同时@2个人，就有机会抽奖。对阿里巴巴企业微博来说，这是一个非常重要的活动，那么，为什么要搞这样的活动呢？

（一）可以把阿里巴巴销售的产品作为奖品

我有好几个朋友，他们的粉丝数量达到一定量的时候，就会做一个活动，送粉丝福利。有时他们会拿我的签名书作为奖品，图书在哪里都能买到，但有了签名就变成独一无二的了，增加了价值。对于阿里的商家来说，我们可以把自己的产品当奖品，在转发微博的人员中抽取。

其实，阿里巴巴商友圈也经常有这样的活动。如征文活动，每一个参加征文的人，在文章的下面都要带上赞助商的信息，还可以链接旺铺，这也会带来很大流量，因为有很多有影响力的人参加了征文活动。因此，阿里商友圈上的赞助活动，我们也一定去参加，效果很不错，尤其是销售日用品、食品、保健化妆品等行业，此时，是打造品牌的好机会，如没有产品，也可以提供资金。

（二）微博绑定诚信通会有更好的转化

我们会让参与微博转发的人转发绑定诚信通的企业微博，以便让更多的人知道我们的微博是专业的，产品是专业的。我们在阿里巴巴开通了诚信通，我们有自己的企业，如果购买产品就可以直接购买，即便不购买产品，也一定要关注，因为只有关注了，才能参与抽奖。

（三）可以用最少的时间与成本收获更多的粉丝

这是一个增粉的好方法，尤其是那些有影响力的人，也许他们的奖品很小，甚至可能是一张签名海报，也会有很多人来转发，因为有影响力的人本来就有高度，于是，很多人看到朋友转发，也会帮忙转发，还会去关注，就能在短时间内用最少的成本获得最多的粉丝。

也许有人会说，我们没有粉丝，会不会有人转发呢？肯定会有，但数量不多，凡事都要慢慢来，谁也不是一开始就有众多粉丝的。

接下来再说一说如何做微博转发的活动，是不是发一条微博，然后告诉大家转发有奖就可以呢？很多人都会这样做，结果却发现没有多少人参加。正确的做法是进入微博管理中心，这里有一个活动中心，活动中心有一个创建活动，在活动类型当中选择有奖转发，然后写上活动标题、活动话题、活动时间、宣传图片、转发内容，以及一等奖设置。

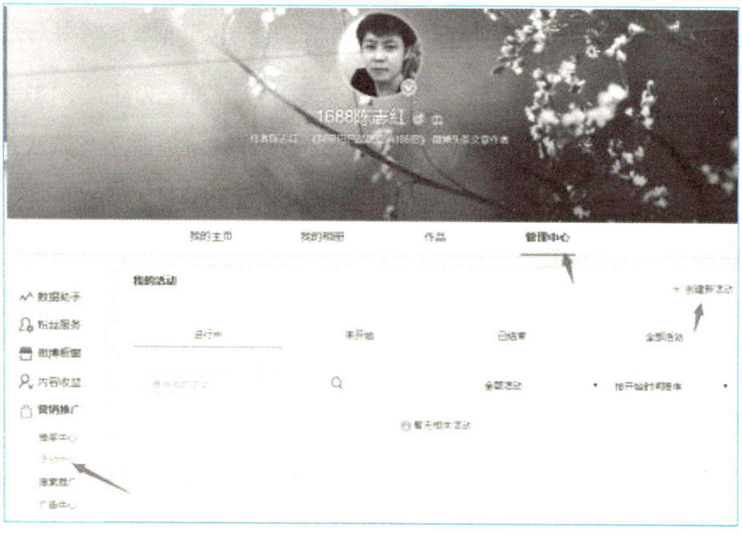

建议活动时间定为七天，这既在参与者的心理承受范围内，又能让我们

获得较高的转化，将以上内容设置好之后，就可以提交审核，等待活动开始了，活动开始后，要记得多在外围宣传，待活动结束后，要在第一时间通知获奖者，并邮递奖品。

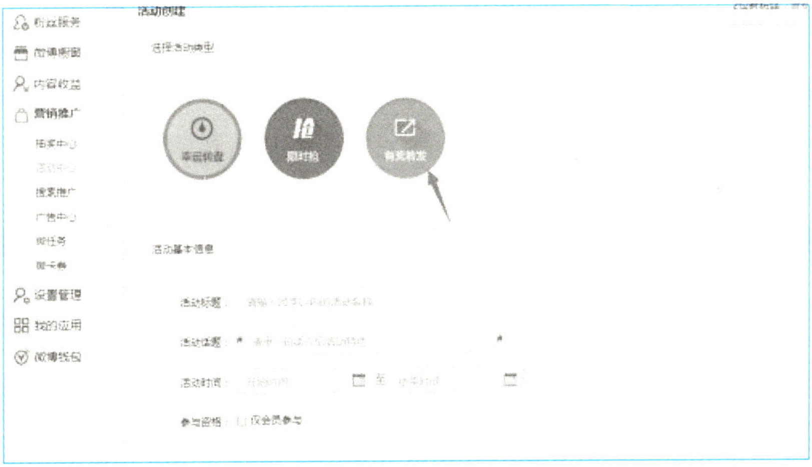

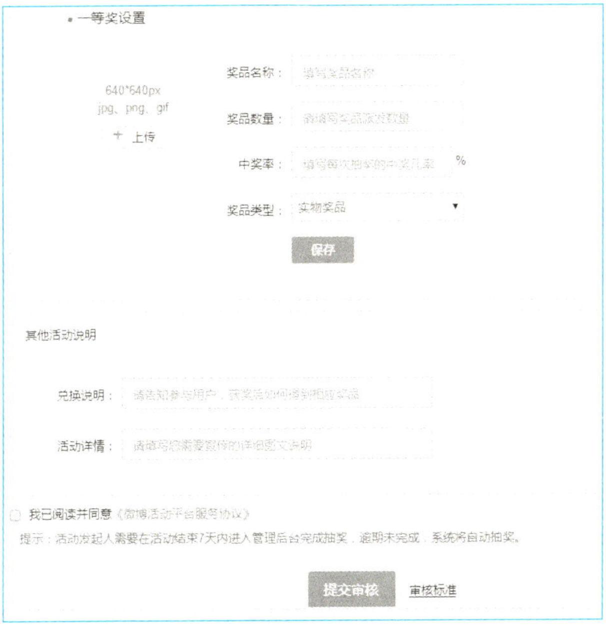

当然，微博营销的方法还有很多，比如付费广告，使用这种方法，建议大家先把基础做好，虽然我们不能保证每一次微博活动都能取得预期效果，但不断总结改进，一定会越做越好。

Part27

企业官网建设

一、不需要自己建站，阿里会送免费网站

早些年，企业做互联网推广首先想到的就是建网站，网站是企业对外的窗口，现在依然有很多企业会建网站，如果做阿里，就免去了建网站的麻烦，因为阿里会赠送每个商家一个独立网站。那么，这个独立的网站有怎样的好处呢？

（一）可以有独立域名，可以直接输入直接打开，更有利于做品牌

这一点非常重要，一个域名就能价值几千万，甚至上亿的例子不胜枚举。一个短的、好记的域名不仅价值连城，还给客户提供了方便，更是公司实力的展示，为什么现在很多公司的电话号码都很好记呢？这是一样的道理。

独立的域名，大家可以直接输入打开，更有利于做品牌，需要注意的是，域名要尽量选择与公司产品有关的、短一些的、好记住的，若这些条件不能同时达到，就选择其中最佳的一个。

（二）搜索上做排名能够获取更多客户

我的很多学员都是从做排名开始的，不管是百度上的排名，还是阿里上的排名，做得都不错，尤其是百度的排名，一个关键字排名靠前，年销售额就能高达几百万、几千万，虽然排名竞争较大，但他们的排名都较为稳定。

（三）可以全方位的展示公司

有了独立的网站，我们就可以在网站上展示公司、产品信息，比如电话、在线QQ、微信等，因为有一些内容是不能在阿里上展示的，如二维码，但企业网站就没有了限制，总之，独立网站可以更全面的展示公司。

（四）打造专业企业的形象

我有一个朋友，之前帮人做网站，他做的企业网站费用高达几万元，因为做得专业，而且漂亮，他会请最好的美工、最好的技术、最好的策划，打造最好的用户体验与品牌度。但阿里却可以把这些免费地送给入驻商家，只要加入诚信通即可，所以，非常超值。

（五）可以在更多的场合进行展示

在产品的包装上，在大型的会议上，去外面做宣传推广的时候，或者不方便留阿里地址的时候，比如一些同行的网站上，那么，我们就可以留下独立网站的地址，因为它可以在很多场合展示。

有了独立的网站，既方便了宣传，又能获得很大的流量，那么，它怎么开通呢？大家可以直接打开https://jz.1688.com/，登录即可开通，或者直接进入我的阿里后台，在右上角的搜索栏里直接搜企业官网，点击进去就能看到开通的标志，直接开通就可以了。

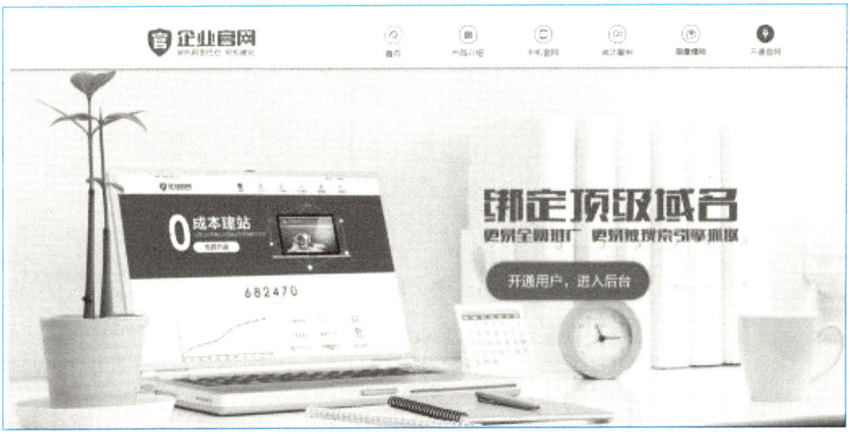

二、用好企业官网会有大收获

把阿里做好之后，有些人就会考虑做全网，对于想做全网营销的人来说，阿里的企业官网会是一个很好的补充与展示工具，不要考虑自己建立独立网站，因为阿里企业官网有很多优点，这是我们花钱也买不到的。所以，对于阿里诚信通的商家来说，一定要用好企业官网，这是为什么呢？

（一）免费建站，海量模板

建立一个独立网站至少要花几千元，而且后期维护会比较麻烦，更为重要的是，一旦建好，修改起来就比较麻烦，很少能更换其他模板。因为对于网络公司来说，这是一个不小的成本，加一个功能都要修改数据库，但在阿里平台，你只要开通了诚信通，就可以免费建站，而且很多模块任由挑选，模块也如此。

（二）稳定，系统不会有漏洞。

建一个网站不难，难的是系统的稳定，更为糟糕的是还经常有漏洞，现在攻击手法不断升级，让人防不胜防，但用阿里就不会有这样的问题。阿里的技术排在世界前列，他们的空间也很稳定，不会出现打不开的情况，不然万一关键字优化上去了，却打不开，岂不是关键字掉了，用户体验也不好？

（三）空间无限

找网络公司建的网站，我们在上传图片的时候，要么打不开，要么图片会压缩到很小的尺寸，图片多的时候往往要增加空间，否则会很慢，而增加空间就要加钱，每年都如此，但阿里有无限空间，你可以想传多少图片就传多少。

（四）信息同步，包括数量与付款方式

自己建设了一个企业网站，肯定要在上面发布信息，但阿里会自动同步阿里巴巴诚信通，包括能否支持支付宝交易，数量多少，而且是漂亮的描

述，这与自己建设网站发布信息相比，可以省很多的时间。

（五）手机端、电脑端等全方位展示

自己建设企业网站往往要建两个，一个是电脑端的，一个是手机端的，倘若只有电脑端的，有时用手机端打开图片会变形，但阿里会免费赠送电脑端的网站和手机端的网站，只要在后台设置好，每个网站都很漂亮。

（六）诚信通背书，直接沟通

品牌背书很重要，即使我们自己建企业网站，也应该把诚信通旺铺加上去，如用阿里的企业官网，它有一个模块是供应商信息，可以显示阿里诚信通，我们只要直接添加即可，此外还有在线旺旺。

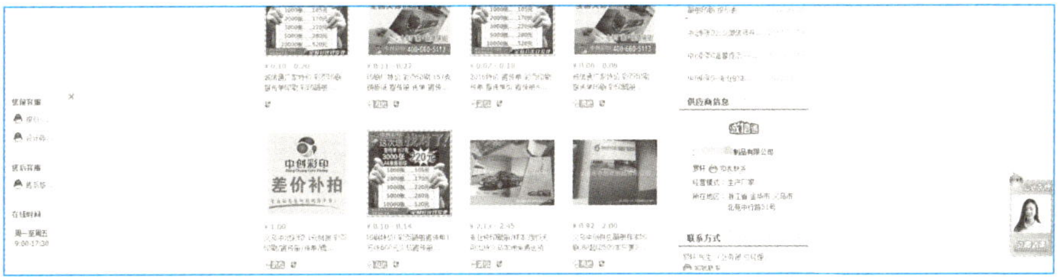

现在阿里的官网更加开放，也更加高级，比如，我们可以在企业官网上设计在线QQ，还有搜索引擎的优化，阿里在每个模板、每条信息、每篇文章，都帮我们设置好了，我们只要填写好，去发文章，就会有很好排名。因为经过阿里认证的企业网站、信息经过审核的网站，搜索引擎会更喜欢。

Part28

把握阿里大方向

一、要把老客户的维护当成重中之重

做阿里巴巴重点是老客户的维护，即B端的客户，这些客户稳定且都是大客户，那么，我们就可以一直积累，每年的效益都会增长。虽然阿里巴巴的B2B模式从表面上看波澜不惊，实际上每一笔单都是大单，所以，做阿里巴巴的商家只要维护好几个大客户，日子就会过得很美好。接下来，我们来说一说如何维护老客户。

（一）提供比同行更好的产品与服务

做阿里巴巴，自带流量是最好的，所以，维护老客户的第一步就是要比同行有更好的产品与服务。产品都是代理的，不同就在于服务。服务不单纯是指在成交过程中的服务，更重要的是品牌，也许产品的品牌是一样的，但我们可以有阿里上的品牌，有更好的个人品牌。因为客户不只是购买产品，也在交流，希望得到荣耀，得到更好的承诺。

（二）通过发布文章维护老客户

我们写文章也是在维护老客户，也是在做转化。我的一些学员每天都在阿里上、QQ上、微博上、微信上写文章，当客户看到我们每天都会发送文章，就能看出我们很用心，在需要产品的时候，就会第一时间找到我们。实际上，每一次文章的发送都是在做广告，都是在提醒与维护老客户。

（三）个人情感的链接

在社会化营销和内容营销的时代，我们一直要思考如何让我们的产品富有感情，让产品有感情是有难度的，但让我们自己有情感就很容易，在我们的文章里、旺铺里、公司介绍、产品介绍中，都要附上个人情感，这样才能引起客户的共鸣，从而产生信任，产生多次购买行为。

（四）全方位的维护

智能手机的出现，给我们带来了很大的方便，我们可以下载很多APP，如阿里巴巴APP，或者是微博、钉钉、微信，维护老客户的时候，我们要以阿里为主，其他的工具为辅。如微信上有我们的客户，我们就要将阿里上的获奖情况，参加活动的情况，通过微信告诉他们，总之，我们的客户到哪里，我们就要维护到哪里。

（五）个人与企业的成长是最好的维护

有人问我，老客户维护的最好方法是什么？我告诉他，是自己与企业的不断成长，只有我们成长了，客户才会一直追随着我们，就连同行的客户都会跑到我们这里来。相反，如果同行成长得比我们快，我们的客户就会追随同行而去。因此，我们每天都要不断努力成长。

我有几个学员之前在其他行业做业务员，之后虽然转行了，但因老客户还在，而且维护得很好，所以，现在依然有很多客户找他们拿货。更有甚者，有一个学员都回家带孩子了，因之前的积累与推广，还是能接到很多订单。

所以，我们每天都要用心维护老客户，每一个老客户都很重要，在维护老客户的同时，我们也要让自己成长起来，我们要比同行做得更好。

二、一定要跟着阿里巴巴的方向前进

经常有人问我做阿里巴巴的秘诀是什么，我告诉他们做阿里巴巴的秘诀有很多，但其中有一个秘诀必须要掌握，那就是跟上阿里巴巴的方向，按照它的规则与要求来，当它推出新的功能时，一定要第一时间加入。

我的学员基本都是老板，但之前他们中的不少人都不是做生意的，有种田的，有在流水线上班的，有学徒，还有做手工的，而且文化程度不高，但现在他们做得都很好，其中最重要的一个原因就是一直跟着阿里的方向走。那么，跟着阿里巴巴的方向前进，走在同行的最前面会有怎样的好处呢?

（一）大方向不会错

在一个公司里，最大的成本不是人工成本，更不是办公室的租金，而是试错成本。不少人创业的时候烧了很多钱，做了多年后却发现这条路根本行不通。不过，做阿里不会出现这样的问题，因为阿里是超大公司，它做的每一个决定都经过多年调研，所以，我们只要跟着它的脚步走，它推出什么产品，我们就用什么即可。

（二）借势

每个功能刚推出来的时候，都会产生一个势能。就像诚信通刚推出的时候，那些第一批入驻的商家肯定都赚了不少，而且很多商家受到了马云的接见。多年以后，他们还可以自豪的称自己是阿里巴巴诚信通的第一批用户，受到了马云接见。但现在开通诚信通就不会有这么好的待遇了。不过，再有新功能推出的时候，我们第一批加入，肯定会产生类似的效果，有可能是广告位奖励，或者其他奖励。

（三）阿里巴巴的流量倾斜

不管是平台，还是商家，每次有新产品推出的时候，肯定都会主推，此时对于这些重点的产品肯定会有流量倾斜，就像实力商家、淘工厂、微商货源刚刚推出的时候。当然，不一定就是流量倾斜，还可能是其他政策上的扶持，不过可以肯定的是，最先加入的肯定会有诸多好处，毫无疑问，最大的红利肯定是给那些做得最好最先加入的人。

（四）容易脱颖而出，超越同行

同行之间的竞争从来都没有停止过，常常是你追我赶，竞争异常激烈，然而，新功能推出的时候，就相当于重新洗牌，大家都站在一个新的起点上，谁起跑早，谁努力，就能超越同行。

（五）做品牌建设的好机会

阿里每次推出新功能，都会花时间去宣传，当然，推出的新功能也会一次比一次高级，我们在第一时间加入，肯定是排在靠前的位置，更便于展示，同时也是做品牌建设的好机会。

做阿里巴巴需要沉下心，每个功能都认认真真地去做，而且要做长久，在很多功能都做好以后，我们就会得到更好的展示。

在这里，我想提醒大家，跟着阿里巴巴走需要做好两点，一是提前做好准备，平时就要把已有的功能做好，做到极致，因为机会只留给有准备的人；二是加入新功能之后，就要好好地去做，争取做到第一，超越同行。

三、阿里的每个功能都能让我们生意更好

有些人在做阿里巴巴的时候，总会担心地问，这个功能有没有用啊？那个功能有没有用啊？其实，完全不需要有这样的担心，阿里的每一个功能都

有用，只要按照它的规则去做，做到最好，效果一定非常棒。

有一次，我听阿里的工作人员给我讲了这样一件事，有一位入驻阿里的商家开通了付费的功能，但他担心会对自然排名有影响，阿里的工作人员告诉他，阿里的每一个功能都对生意有正向的影响。

接下来，我就和大家讲一讲为什么说阿里的每个功能都能让我们的生意更好以及如何跟上阿里的步伐两个问题。

（一）为什么阿里上的每个功能都能让我们的生意更好

阿里上的每个功能都能让我们的生意更好，都会给我们的生意带来正向的影响，主要体现在三个方面：

1.转化率

如果一个产品很好，而且商家很用心，为了提高转化率，商家做了很多努力，包括每个服务功能怎么使用，会有怎样的效果，都跟客户讲得很清楚。也许这个商家都不会做流量，不过，没有关系，直接上网销宝就可以了，因为转化率好、基础做得好，肯定可以盈利。其实，不管是免费推广还是付费推广，提高转化率都是重中之重，有转化率才会有长久的自然排名，质量分才能高。

2.品牌高度

在阿里平台，我们所说的品牌高度不是单纯的品牌，还包括很多功能的使用，如通过阿里认证，明星代言等，那么，即使商家的描述做得不如同行好，相信客户也会选择有品牌高度的商家，因为客户相信他们。也就是说，我们使用阿里的功能，不仅让我们有了品牌，更有了信任度和流量，而这比追求单纯流量更重要。

3.流量

流量是基础，阿里平台的每一个频道都有很大流量，另外，阿里巴巴一直是全网的阿里巴巴，阿里巴巴诚信通也是全网的诚信通，它有很高的信任度，便会有很大流量，不管是搜索引擎还是其他入口，都有很大流量。

（二）如何跟着阿里巴巴的方向前进

对于入驻阿里的商家来说，只要跟着阿里巴巴的方向前进，就能有很大的收获，具体来说，应做好以下几个方面的工作：

1.基础一定要做好

不管我们要做怎样的推广，我们的描述、装修、DSR、定位、品牌方向、购物流程等，都是基础，都要将其做好。

2.做好一个频道之后，再做另外一个频道

可能你会想几个频道一起做，一次性做好，很多产品一次性全部开通使用，我建议不要这样做，一个人的精力是有限的，做得太多，就会让我们自顾不暇，还是应该一个频道一个频道的去做。

3.争取第一个加入新功能，每个功能都应该去尝试

只要与我们的业务功能、品牌方向有关，我们就应该去做这个功能，当然，基础功能更应该做好，我们的目标是做好付费的最高级的功能，阿里的每一个产品，我们都应该努力去尝试。

4.一次资源多次使用

不管是在线上还是在线下，阿里都有很大的影响力，也就是说，当我们把阿里做好后，就意味着做好了很多其他的平台。我们肯定不可能每一个平台都去做，那么，我们就做好阿里，然后走出阿里，去做其他平台，在别的平台来展示我们阿里的荣誉，宣传推广阿里网址，待客户成交时，再将其引导到阿里来成交。

总之，我们一定要相信，只要用心做阿里平台，就一定可以超越很多同行。

四、阿里上的每一次活动都是我们最佳的机会

不管是在线下还是线上，我们获得的荣誉都是在评比当中脱颖而出的，而每一次的评比都离不开活动，有了活动才有了评比的机会，才更为公平，所以，阿里的每一次活动都是我们最佳的机会。

在淘宝平台，每次举办活动，每次大促销，因为排在前几名的都是那几个商家，所以，即使在平时他们的销量也会非常不错，排在前面几名，从而将所有人的目光、焦点、关注度都齐聚在他们身上。

所以说，阿里的每一次活动都是我们最佳的机会，下面我来讲一讲阿里举办活动会给入驻的商家带来怎样的好处，以及阿里平台都有哪些活动。

（一）阿里举办活动会给入驻的商家带来怎样的好处

通常阿里举办活动会给入驻的商家带来四大好处，具体内容如下：

1.每次举办活动都会有很大的流量

既然是举办活动，阿里肯定会主推，比如伙拼，阿里会用频道的流量去主推上活动的商家，因为流量大，而且主推的商家数量有限，肯定会带来很大的流量，假如能在活动中脱颖而出，上了首页，又会有更大的流量。

不仅如此，一些规模较大的活动，阿里会提前很长一段时间就开始宣传，甚至会在站外买广告位进行宣传，流量肯定会更大了。

2.在活动开始阶段，大家都在同一水平线上

在活动开始阶段，大家都在同一水平线，在平常可能会有很多同行比我们做得好，但有可能他们没有参加活动，或者没有那么用心，我们就有可能比同行做得好了。大平台上每次举办活动，大家都会用力奔跑，谁用心就有可能跑第一，大家的机会是均等的。

3.获奖之后，会获得更多的关注，得到更多的奖励

比如在一件代发这个频道，每天都有每日牛商，获得每日牛商的商家是可以获得广告位奖励的，那么，获胜者就会获得更多的关注。再比如，在大促、商友圈比赛的时候，会设置很多奖品，参加活动，不仅让我们获得了关注，还能获得奖励，说不定还会有订单。

4.每次都是品牌建设的好机会，获奖是实力的见证

阿里是一个超级大平台，当我们用心做一件事的时候，很多的人都能看得到的。我们每次用心的展示自己都是在做品牌建设，不一定能获奖，但一定会有机会，因为参加的人数有限，获奖是实力的见证，我们可以从争取获得小奖开始，逐步获得大奖。

（二）阿里平台有哪些活动

在阿里上做活动，不仅能产生立竿见影的效果，还会给我们的未来一个大大的回报，那么，阿里平台上到底有哪些活动呢？

1.阿里平台上的各种活动

阿里平台经常会有很多活动，那么，怎么知道阿里平台上有哪些活动呢？一是去我的阿里，在右上角搜索活动；二是去商友圈首页看活动。当然，还有很多线上线下的活动，小二或者群里都会通知。

2.各种频道与功能活动

我们最好养成经常看后台的习惯，包括手机端我的阿里，阿里商学院、商友圈，因为基本上所有的产品都会在商友圈开圈，比如直播、买家服务的调整，看到活动之后，可以去搜索一下是否能参与，因为一般都是长期的，比如商学院讲师招募。

3.每天的日常活动

比如，排名、文章被推荐，阿里平台每天都会推荐文章，这是我们每天都要努力去争取的，特别是排名，即使非工作日，也会发生变化。

总之，阿里的每次活动，我们都要积极参与，当我们每天都在积累的时候，量变就会发生质变，使我们的成长迈出一大步。

五、老客户越多，你的收获就会越多

在线下，我们经常可以看到一些企业推出新产品仅仅才几天的时间，全国各地就可以看到他们的广告，看到他们的产品上架了，这就是我们常说的渠道。在阿里平台，我们一直做B类客户，其实做的也就是渠道。

我有一个朋友做阿里，很多做天猫的客户都直接找他拿货，另外，很多线下实体店都是他的代理，所以，这么多年来，他的生意很稳定，他只需努力抓生产和产品款式，当一款新产品推出来时，销量一下子就会很大。这就是做阿里巴巴的一个特性，做好之后，就会有很多的渠道和老客户。那么，为什么做阿里会有很多老客户呢？

（一）这是B类生意的特性，客户不会经常更换商家

找到一个合适的厂家不容易，很多人都是找了很久才找到，所以，不到万不得已，他们不会轻易更换厂家。也就是说，我们做好了一个客户，就有可能是终生的客户，因为我们不是直接面对消费者。

（二）老客户人数不多，订单却比较大，销售额也会很大

为什么B类生意会有很多老客户，其中的一个原因就是订单比较大。我有一个学员在阿里上卖产品，他有一个客户在线下做保健品，当初也是通过阿里找到我的学员，然后每年从我的学员这里进几十万元的货，而且合作了很多年。因为老客户人数不多，所以，维护起来也不会太难，但销售额会很大，很轻松地就能撑起整个工厂。

（三）B类生意是在做渠道，可能是批发或者代理

做批发与代理生意的人，一般很少更换厂家，因为更换了厂家，就不清楚产品的质量怎么样，老板的为人怎么样，成本会比较大。如果双方合作了很久，那么，进货肯定会有折扣，因此我的不少学员都会做VIP积分，即在年底达到一定的销量，就会给予一定的奖励，这也一定程度上奖励了渠道，奖励了老客户，若产品质量好，更是不会轻易更换，特别是品牌做得好的厂家，渠道商都争着抢着要代理。

（四）老客户都是比较高端的用户

老客户已经有较强的销售能力，比较强的渠道，他们在阿里进货，基本上都能销售出去，而且销售额很好，这样的客户维护起来就很容易，给他们最好的产品与服务就可以了。

（五）大公司、商场都以合作形式存在

在阿里，有很多合作都是在线下签合同。线下有很多渠道商会在阿里平台寻找合作的商家，然后签订合同，而线下公司与阿里合作，或与其他平台合作都会签订合同，合同上会规定所需产品数量、具体的规则，以及有效合作时间等，这样一来，生意就更加稳定了。

我们做阿里巴巴，就像铺设水管，一旦水管铺设好了，水就可以自动流出。现在很多大公司，他们一年都在生产产品，都在打品牌，根本不用操心其他的事情，因为他们有渠道，不会担心产品销售不出去。

经常有人问我如何将产品销售出去，我会告诉他们做阿里巴巴，因为来自阿里的订单都是大单，更为重要的是做渠道，也许多年以后，依然有人代理我们的产品，我们就可以专注于生产了。

我认识一个人，原本经营着一个酒厂，因为做的是零售，即便广告打到了央视，依然很辛苦，后来开始招代理，有一个省总代，一年就能帮他们销售2500万，让他的公司起死回生，现在都快上市了。

所以，对于B类生意，不管是什么品牌方向，只要我们能坚持做，就会有收获。

六、做好阿里，让你更了解市场更了解行业

做生意的人都知道，市场无时无刻不在发生着变化，比如，销售服装，你肯定会发现，去年大家喜欢的款式、颜色，今年已经不好卖了，很少一个款式可以连续火三年。还有那些曾经的很多标准件，随着各种产品的变革，也渐渐有更多的非标。

这就要求企业应该朝市场的需求方向前进，只有跟着需求走，才能在竞争当中赢得更多客户，博得客户更多的喜欢，当然，也更具优势。其实，不管是阿里平台，还是其他平台，都在从产品为主转向市场为主。

我始终认为做阿里能让我们更了解市场，更了解行业，因为阿里平台的竞争激烈，而且有来自全国各地的诸多企业，自然能从中及时了解到市场的变化，行业的动向，那么，我们该如何了解市场与行业的变化呢？

（一）了解市场最新爆款

我有一个朋友在淘宝上做生意，一年只卖两款产品，但那两款产品一般都会成为爆款，不管是款式还是利润，以及性价比，都是顶级的。我们做阿里也是如此，假如我们做礼品，市场上每年需要的礼品价格肯定是不一样的，款式、包装也不一样，了解最新爆款，才能跟上消费者的需求，更为重要的是，我们不仅要了解爆款，最好也能做成爆款，这样就不用愁销量了。

（二）发现更有利润的产品

行业内的人基本上看到一个产品，就能知道其利润有多少。几年前，在德化陶瓷厂盛行生产一款孔雀天目釉的产品，一个杯子的利润就高达好几百

元，假如企业能在一开始的时候就看到市场，看到这个产品会火起来，肯定会在很短的时间里介入，进行生产。

（三）发现更多的商业模式

目前，市场上存在着很多的商业模式，不同的商业模式对产品的需求也是不同的，比如，我有一个学员做按摩椅，后来他发现在汽车站、火车站做投币按摩椅很有市场，因为当地做的人不多，而他又在产业带，便在阿里平台开始推广投币按摩椅。

（四）更多的推广渠道与买卖

现在的销售渠道有很多，有线下平台，有积分平台，但不同的渠道推广的产品不同，其功能也不一样，如微商的定价就不同于其他商业模式，送父母的礼物又是不同的价格等。

（五）产品与生产技术的更新

一般情况下，我们很难感受到产品的更新，假如我们做淘宝，就会发现很多神奇的产品，那么，这些产品是谁先发明出来的，特别是那些有渠道的企业，可以在很短的时间里将产品铺开，因此，生产技术的更新就显得尤其重要了。

有人说，在商业的世界里，最值钱的是咨询，但随着互联网的发展，我认为最值钱的应该是知识，只有我们知道如何做的时候，才可以做得更好，做得更好，企业才会做得更大。

市场无时无刻不在发生变化，我们也一定要跟上市场的变化，就像很多手机还没有面向市场的时候，手机配件已经提前上线了，尤其是那些能把握市场方向的人，总能在最适合的时机转型。

在企业发展的过程中，尤其是传统企业，都经历过很多次的转型与改进，就像我们之前用纸和笔记账，后来用电脑记账，到现在全部标准化。

我们的公司、我们的产品也应该如此，不断地学习别人的先进之处，让自己得到成长，同时也让公司慢慢壮大，这样才能超越同行。

七、阿里金融让生意腾飞

让天下没有难做的生意，一直都是阿里巴巴的宗旨。现在的阿里已经不只是以前的信息流，还可以在线交易，可以有阿里金融，对于做生意的人来说，阿里金融的意义十分重要。以前，资金周转不开，差5万、10万元，都要找别人去借钱，或者贷款，而贷款又很难，现在阿里就可以把这些问题解决了。

我有一个学员在上大学的时候就开通了诚信通，她的第一笔订单是2万元，谈成这笔生意，她能赚到5000元，可她没有钱，于是，就在当地一家家询问，愿不愿意先给她发货。后来，她找到了一家企业，她将学生证、身份证做抵押，企业最终同意给她发货。

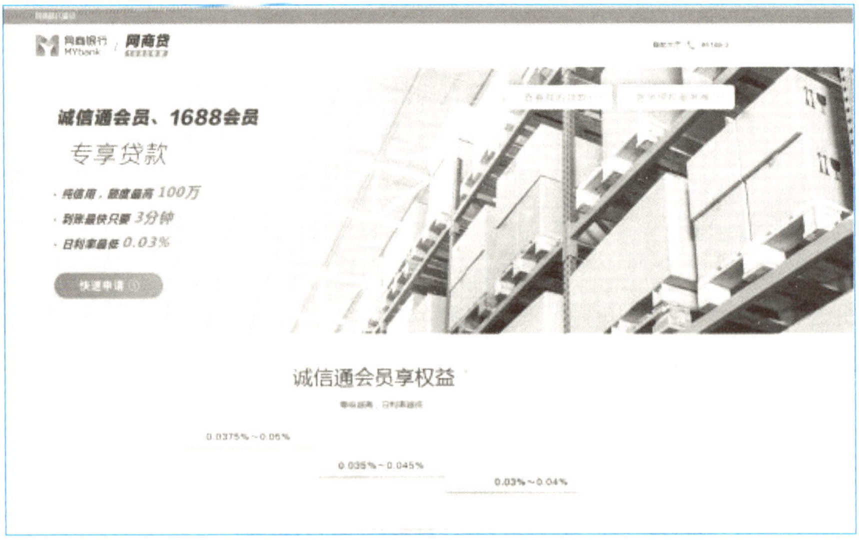

做阿里巴巴的人遇到这种情况是十分常见的，比如，我们需要包装、需要进样品，可我们发货之后，客户可能要10天后才能确认，此时就需要资金周转，那么，我们就可以找阿里巴巴，甚至有些人依靠阿里金融提前实现了买房买车的愿望。下面我来说一说阿里贷款的优势有哪些？

（一）无需提供任何抵押

在线下办理贷款很辛苦，需要评估，需要抵押，而且走流程的时间非常长。但在阿里，只要你是诚信通用户，只要你在平台上有正常的经营，基本上你就可以申请贷款。

（二）利息低

与很多民间借贷、P2P平台相比，阿里贷款的利息非常便宜，而且非常安全，这一点尤为重要。

（三）贷款额度高，高达100万元

办理信用卡，额度一般都是从几千元开始，当然，也有额度较高的，只不过比较难，但在阿里，你最高可贷款100万元，要是线下贷款100万元，难度之大，估计要拿房子之类抵押才可以。

（四）速度快

在线下办理贷款，有时需要半个月，甚至几个月，才能放款，而在阿里贷款的速度非常快，最快只需要3分钟就能实现放款。

（五）方便快捷，随借随还，可循环支用，按日计息

通常提前还贷是需要预约的，但在阿里不用，你可以随时还款，因为它是按天计算利息的，如果是应急，还是十分划算的。

阿里贷款这么好用，那么，我们要去哪里贷款，或者去哪里查询我们的贷款额度是多少呢？有两个方法，一个是打开阿里巴巴1688首页，最右上角有一个网站导航，当我们把鼠标放到那里，就可以看到一个常用工具，常用工具里有一个阿里贷款，我们点进去就好。

二是在阿里巴巴后台，即我的阿里，在右上角搜索栏里直接搜阿里贷款，然后直接点进去，就可以看到快速申请，我们直接去申请即可。如果绑定了阿里诚信通的支付宝账户，我们也可以看到网商贷的额度，但并非所有的账户都有，如没有，我们可以选择阿里贷款申请。

最后提醒大家，贷款之后，一定要按时还利息，做生意的人最讲究的是信用，有了信用，才能做好生意，在当今这个社会里，没有信用将寸步难行。

八、做阿里能认识更多优秀的人，从而成就一生

如果说成功有捷径的话，那一定是要跟更优秀的人在一起。而在阿里巴巴这个平台上就有很多优秀的人。在线下，要见到年销售额几千万上亿的老板很难，但在阿里却有很多结识的机会。在我的学员中就有很多这样的老板，我有幸每周都能与他们聊天，因为他们参加了我的辅导班，每周一我都会给他们安排任务。

在这里，我主要和大家探讨两个问题，一是在阿里为什么能够认识更多

优秀的人，二是在阿里如何结识更优秀的人。

（一）为什么在阿里能认识到更多优秀的人

在阿里之所以能让我们认识到更多优秀的人，主要有四大方面原因，具体内容如下：

1.借助阿里平台与势能

很多做阿里的人都很年轻，却能收获很多，我认识几个1996年、1997年出生的创业者，他们一年的销售额也能达到好几百万，这可以说是阿里的红利。若是在以前，这几乎是不可能实现的事情，但阿里给了很多人成长的机会，帮助他们打开了梦想的通道，所以说，会做阿里是一种技能，懂得在阿里上销售产品，是一种本事，当然，能把阿里的品牌建设做好，那便是一种优秀。

2.可以找到很好的公司

在阿里平台有很多这样的人，他们在阿里社区写帖子说自己要离职，阿里平台上的公司会找到他们，请他们去工作，为什么会这样？因为他们平时经常在阿里社区写文章，他们是不是用心，是不是优秀，读他们的文章便能知晓。有不少人通过这种方式找到了新公司， 找到了更好的岗位，说不定，以后还会自己创业。

3.可以找到爱情

在阿里平台可以找到爱情吗？是的，这并不是天方夜谭，在阿里社区，在商盟的线下聚会，或者在其他地方，都能诞生很多爱情故事，如果不是有阿里这个平台，怎能实现千里姻缘一线牵呢？

4.找到合伙伙伴，共同创业

有的人懂技术，但没有启动资金，或者没有好的资源，怎么办？阿里平台给这些人提供了机会，在这个平台上找到了合作伙伴，一个有渠道，一个擅长生产，两人结合在一起，就能将事业做得很好，仅福建商盟就有好几对这样的例子。

走进什么样的圈子，将决定你获得怎样的成长机会。走进读书会，你会读更多的书，走进作者会，你会出版一本图书，阿里巴巴平台上都是老板，走进这个圈子，你就有了当老板的机会。

（二）怎样结识更优秀的人

走进阿里，你就有了成长的空间，以及当老板的机会，但这一切都要靠自己去争取，而不是什么都不做，就像那个等待兔子撞树的农夫一样，那么，该如何主动去结识那些优秀的人呢？

1.多付出

什么是多付出呢？我们可以在阿里巴巴平台帮老板打理旺铺，可以在社区写帖子，也可以在群里跟大家分享经验。总之，大家一定要记得多付出。当老板让我们发10条信息时，我们可以发20条；当老板要求写10个帖子，我们可以写30个；在群里，也要记得多帮别人。不要以为这些不重要，其实一直有人在关注你。

2.懂感恩

得到了别人的帮助，就要记得说声谢谢；看别人的帖子，学习到了知识，记得给别人留言，表达感激之情；当帖子被置顶，当帖子上首页，当征文获奖了，记得对他们说声感谢，感谢版主，感谢管理员，感谢老板，感谢阿里。

3.提高自己

可能你的文笔不是很好，但努力，一定会慢慢好起来；可能你刚进圈子，我们要争取去当圈管理，争取获奖；要多学习，懂得推广的方法与技巧。当我们不断提高自己，变得越来越优秀的时候，我们就会有更多的机会，不是有那么一句话吗？梧高凤必至，花香蝶自来！

九、阿里的市场比你想象中的大很多

有一次，我参加一个商盟的年会，遇到一个年轻人，他一年的销售额高达一个多亿，很多人都去他们工厂参观，很多做传统行业的人都觉得不可思议，直呼网络太神奇了。也许你连想都不敢想，这个人是销售雨伞的，年会的雨伞也是他赞助的。

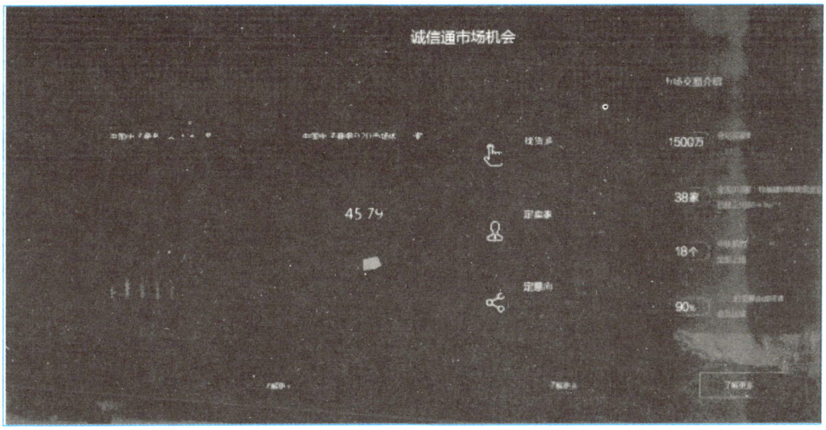

经常碰到一些没有做阿里的朋友向我咨询，他做的产品是否适合在阿里上销售，他同行的产品在阿里上销售得怎么样？其实，有些东西光看数据是没有用的，也看不出什么，但我们一定要相信，阿里的市场比我们想象中的要大很多。为什么这样说呢？

（一）加工的订单，特别是很多品牌，都来自阿里平台的代加工厂

有人觉得自己买的都是品牌服装，与阿里没有关系，其实不然，因为很多加工厂都有帮代工的，也许你买的衣服、玩具，都是在阿里上代工的。当你去搜索加工的时候，你会发现，很多大的企业都是他们的客户，那么，不

管是线下，还是线上的很多品牌、大公司，他们都有加工厂，而且都是在阿里平台寻找的。

（二）线上线下批发的源头

很多开店的人需要批发进货的时候，都会想到阿里，想要批发做淘宝或者微商，即使摆地摊，也都会选择从阿里进货，因为阿里基本上是源头。

比如，你在某平台看到一款很漂亮的被子，来阿里平台一搜索，你会发现这里有很多产品在销售，也许没有你要的那款，但是找到厂家，他也许能生产得出类似的产品。

（三）代理的源头

市场上有很多代理，比如线下有很多人做加盟，做零售，其源头大多来自阿里巴巴，比如，很多微商代理，在前文中，我提到过的采源宝，真的可以实现零成本创业。如果要做淘宝，那么在代发频道，资金流，信息流，全部自动化。一件代发，很低的成本就能开淘宝了。

（四）线下的交易

阿里一直在推广线上交易，但还有很多线下交易，比如销售机械，在购买之前，需要咨询很长时间。但是，我相信，慢慢地也会将线下交易转移到线上交易，因为它方便快捷，而且速度非常快，但不可否认的是，还有很多线下的交易还没有转移到阿里平台上来。

（五）经销商、代理商、老客户的直接采购

这也是非常大一块市场，尤其是很多大企业，他们有很多人，每天都在出大量的货物，而且很快就能到达终端。

（六）中国最大的B2B平台，全球领先的采购批发平台

阿里巴巴，在中国的B2B中占了很大的份额，而且它是全球领先的采购批发平台。虽然诚信通是针对国内用户，但是很多国外的企业也会来咨询，现在阿里与很多世界500强企业合作，他们很多的产品，包括日用品、原材料，都是在阿里巴巴上采购的。

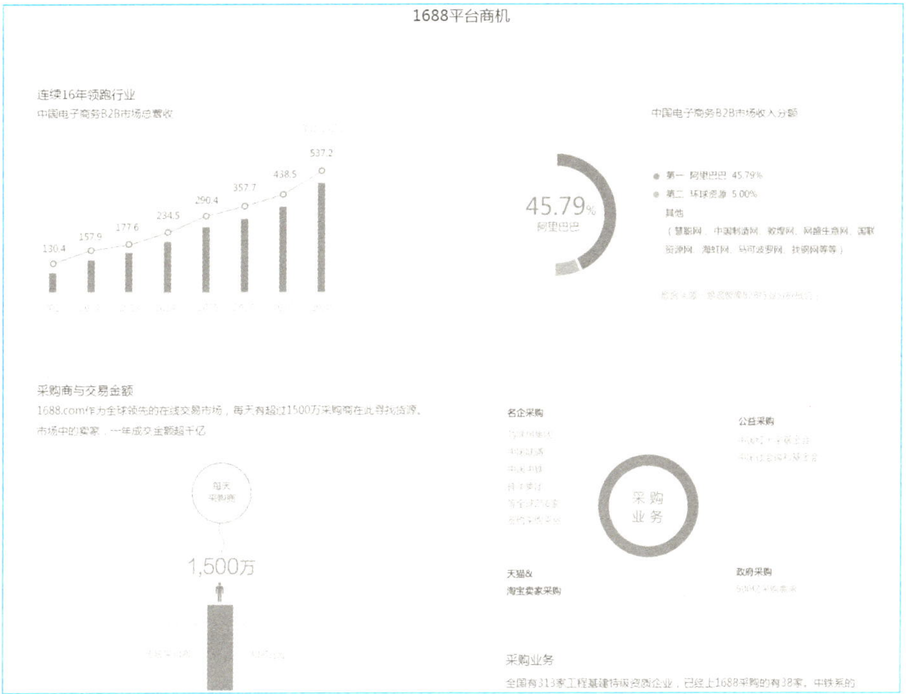

每次与群里的学员聊天的时候，每次参加阿里线下会议的时候，尤其是参加阿里的年会，当很多案例商家都在一起的时候，我们都感觉自己还有很

多事情要做。因为在某个行业扎根了十几年，甚至是几十年，一年销售额可达几千万，但依然要想着进步，因为阿里巴巴有很大的市场，还有要继续做的更好的空间。

总之，阿里的市场真的比我们想象的要大，三百六十行，每个行业，都值得我们花一辈子的时间去探究。

十、阿里旺铺，可以做拼盘，可以做成上市公司

阿里巴巴平台有没有上市公司呢？不仅有，而且还很多，很多世界500强企业都在这个平台上开店，销售都非常棒。那有没有开了阿里之后，让自己的企业做成上市公司的呢？也有，而且还不少。

给我的图书做推荐的人，他们都是上市公司的董事长、总裁，而且他们都在阿里巴巴平台上开旺铺。我有一个学员，在阿里巴巴平台销售PVC，他不是老板，但他说他的月保底业绩是500万，而且像他这样的人，公司里有不少，当然，他的公司也是上市企业。那么，有没有办法做成上市公司呢？当然有。

因为我的一些学员就是上市公司的CEO，他们本身就是做投融资生意的，在与他们的交流中，我发现上市公司最喜欢做拼盘，什么叫拼盘呢？

举一个简单的例子，一斤苹果卖5元钱，一斤橘子卖2元钱，一斤香蕉卖

3元钱，三种水果各买一斤，共需要10块钱。但当我们把这三种水果放在一起的时候，就变成了果盘。同样是三斤水果，但切开后，再摆在盘子里，就变成了三盘，而一个果盘的价格就可以卖到50元，三盘就是150元。

本来10元钱的东西经过不同的组合之后，就卖到了150元，而且人们还很喜欢，这个过程就叫拼盘，不少上市公司在投融资的时候，都会这样做。那么，我们做阿里的人该如何做呢？

我有一个销售品牌打底裤的朋友，打底裤被他做到了阿里巴巴第一，线上线下很多人都做了他的代理，于是，他就想既然打底裤可以卖得这么好，其他产品可不可以这样卖呢？后来他又开始卖围巾，销量也非常好，就这样，他陆陆续续地销售了很多产品，每一样产品都做得非常棒。

为什么能够做得这么好呢？因为有渠道，这与开实体店就有些大同小异了，不同的是他一直都专注打底裤，以打底裤为主，他还做了好几个品牌，自己请设计师设计，因款式漂亮，而且是原创，于是，很多同行都找他设计。

有一天，又有人来找他，询问如何做阿里巴巴，听完朋友的讲解，来人提出让朋友帮忙做，利润分成的合作方式，之后，他们合作得很顺利。这相当于是一个做生产，一个帮忙销售，那么，对于朋友来说，这就是在做拼盘。

一个是渠道，一个是品牌，一个是技术。如果只做一个方面，可能就只赚一点点，但当三者结合在一起的时候，品牌价值就发生了叠加，他们的公司就不再缺市场和客户了，而他做阿里巴巴只是因为做了阿里，这里是很多生意的源头。

再来说一说诚信通的生意。我的学员无名的外贸技术非常好，如果你有好的产品可以去找他，群里拖拖姐的产品就是销往全世界的，尽管她自己没有销售，但很多外贸公司都会找她批发，然后销售出去。

腾飞科技
Teng Fei Technology
用科技呵护美丽

无痕内衣领导者

昆山腾飞内衣科技股份有限公司

给我的图书做推荐的一个朋友，做的是内衣生意，也开了阿里巴巴，而且上市了，他做的内衣品质非常好，是最新技术的内衣。他们公司的口号是“用科技呵护美丽”，很多国内外的大牌内衣，都找他们加工，有专利，有技术，有足够的订单，注定能上市。

所以，在阿里这个平台只要我们努力去超越、去奋斗，成为上市企业并不是不可能。当然，我们首先要把其中的一个点做到极致，这样才有核心的竞争力，才会有更多的机会，之后再根据我们的资源与市场来做其他生意，这样才能做出更大的价值，有办法完成更大的拼盘。

《跟陈志红一起学阿里巴巴品牌建设》部分众筹名单

感谢大家的支持，因为有些人说不需要广告，纯属支持，所以有些就没有显示，在这里一并表示感谢。下面这些人，大家可以加下他们，我们都可以成为好朋友。

1.名称：PLC放大板专家许立冲　阿里商学院讲师

主营：PLC放大板，板式PLC，工控行业外壳

联系方式：手机号码：13726086068，微信：18925348716，QQ：2836806389

宣传语：PLC保护神器，就选粤阳天立

2.名称：按摩器厂家王志强

主营：按摩椅，办公按摩椅，商用按摩椅，太空舱按摩椅，零重力按摩椅，礼品按摩椅，家用按摩椅，豪华按摩椅，电动按摩椅，礼品按摩椅，多功能按摩椅，按摩椅定制

联系方式：0593-6273826　15659966188　15892105559　QQ：3167770185　1691559033

宣传语：为梦想，传播健康生活方式

3.名称：洁万家拖拖乐

主营：胶棉头，仿鹿皮巾，方块棉。

联系方式：QQ：1075152416，微信：13758978612

宣传语：洁万家拖拖乐，只做质量最好的胶棉头，仿鹿皮巾，方块棉

4.名称：LED感应壁灯小夜灯生产厂家王雪清，深圳市雨丰科技有限公司

主营：感应灯、橱柜灯、壁灯、无线门铃迎宾器、感应灯条

联系方式：手机/微信/QQ：18306666639

宣传语：诚信、务实、开拓、创新、雨丰科技

5.名称：护栏姐武志山

主营：生产批发阳台护栏，热镀锌喷塑护栏，楼梯扶手，交通护栏，金属栏杆、锌钢百叶窗等

联系方式：电话/微信 15137390730，QQ：1084264490

宣传语：护栏姐：阿里巴巴十大写手

6.名称：尚本思远外贸营销平台，邱俊锋

主营：外贸邮件营销系统，外贸产品管理系统，外贸营销网站，客户管理系统。谷歌和俄罗斯广告推广，帮助生产企业直接出口。户外休闲体育运动类更适合

联系方式：电话微信13722796263，QQ：71935857

7.名称：义乌创智赢家品牌策划设计机构

主营：1688店铺装修设计　产品图案花形设计　包装设计　本册封面设计　礼品袋设计　苹果盒设计　袜子包装设计　内衣包装设计　文具包装设计　标志设计　VI设计

联系方式：手机/微信号：15857923030，QQ：1552252728

宣传语：让创意提升品牌价值！

8.名称：专业PPT领航者龙一鸣

主营：原创商务PPT设计及制作

联系方式：电话/微信：18259168613，QQ：813165

宣传语：能将专业与美融入到PPT中，自然能给你带来不一样的商机

9.名称：光博矿产品加工厂孙敬涛

主营：蛭石，彩砂，负离子粉，防火涂料

联系方式：手机/微信/QQ同号：13473755751

宣传语：用心做事，诚实做人，生产过硬产品！

10.名称：一页品牌策划书，波波

主营：企业品牌策划、中小企业品牌打造指导

联系方式：电话/微信：13605941949，QQ：87283113

宣传语：品牌策划不在多而在精，精致的一页品牌策划书就能造就一个大品牌。

11.名称：永德福陶瓷定制厂家-福盟强哥

主营：陶瓷杯，陶瓷餐具，茶具，工艺品，Logo/广告定制，陶瓷礼赠品批发定制

联系方式：电话/微信：15659772277，QQ：2623982268

宣传语：让陶瓷定制更有价值！

12.名称：向日葵工作室

主营：画册、海报、书籍装帧、包装、LOGO、企业VI、展板、宣传DM单、价目表、点餐单、图案设计、网页设计、摄影P图、名片，其他相关的平面设计

联系方式：微信/电话：13276042926，QQ：30915840

宣传语：优秀的设计帮助客户价值最大化！

13.名称：颐生棠（深圳）健康管理有限公司

主营：脊椎理疗，排寒祛湿　中医理疗

联系方式：手机：13018624266，微信/QQ同号：793200885

宣传语：将老祖宗留下的中医理疗传承下去，让我们中国人少受点西方抗生素的荼毒，为亿万的农民工夫妻提供一份无风险事业，让亿万的留守儿童、留守老人不再孤独、不再害怕、不再是我们的痛。

14.名称：尚本思远外贸营销平台邱俊锋

主营：欢迎各生产厂家直接对接——优先户外运动类、渔具、骑行、运动手套、户外服装、照明设备等

联系方式：电话微信13722796263，QQ：71935857，微信公众号：wumingland，公司网站www.itshangben.com

宣传语：外贸营销推广好帮手，帮助生产型企业销售到欧洲、美国、加拿大、中东、俄罗斯市场。

15.名称：东莞广楚盛印刷器材有限公司

主营：丝印机，移印机，定制印刷设备，移印丝印油墨批发

联系方式：手机：13794878970，QQ：87892372

宣传语：用良心去做每一款设备和油墨，以家人的心态做好每个客户的售后服务！需要丝印机、移印机、移印丝印油墨的厂家请找我，我是你们的朋友——广楚盛！

做阿里品牌的核心——结硬寨，打呆仗，久坚持

如果用9个字来总结本书，那便是“结硬寨，打呆仗，久坚持”（前6个字也是曾国藩行军打仗的方法），这是本书的中心思想，也是做阿里品牌的核心。

（一）结硬寨

做阿里，难亦不难，不难是阿里提供给了我们一个网站，我们按部就班地去做即可，难是因为不同的人做的结果完全不一样，有的人几乎没有订单，而有的人却接订单接到手软。为什么会这样呢？

我认为做得不好的人应该花时间去看一看自己的店铺，对比一下自己的装修，以及页面，你会发现自己输在了方向上，输在了细节上。在还没有开通阿里，刚想着做这个行业的时候，就应该想“我要用怎样的业务模式”、“我开阿里，要得到什么”。

当然，得到的东西会很多，但最重要的是什么呢？是加工的订单？还是招代理？抑或是品牌有更多的展示等等，不一样的做法，就会有不同的结果，也许连公司名都会有很大的差异，更不用说页面、描述、装修的差别了，这就是我一直说的品牌方向。有了方向之后，就要去想通过几个点、几个频道去布局。

我的一些学员，他们的公司规模很大，有几十上百号人，对他们来说，

一定要在稳定当中提升，不然万一哪一天没有了订单，工厂没有了业务，员工怎么办？所以一定要在多个点、多个频道去布局。

也许我们只做排名，那么为了能让排名更加稳定，也需要有很多其他的点来支撑。比如品牌方向、转化率、老客户维护、客户在线时间等。

也许我们是为了招代理，走渠道，那么，就不能只想着自己要怎么做，更要思考想要做代理的人会注重什么，我们能给予的能不能高于他们的期望?

所以，我们要尽量把每一个人都转化，希望他们都能成为老客户，因为也许一个客户，甚至几个阿里旺铺，就要撑起一整家公司。

当我们把这些要做的事情都罗列出来之后，就清楚该怎么去做了，接下来只要一点一点地去做，耐心地去做就好。这个过程不能图快，也不能请别人代劳，就像写公司优势、公司简介、公司故事、旺铺装修、公司的业务方向，因为这里有公司的灵魂。

以上这些都要一点一滴地去做，不能想着群发，想着去复制，一定要原创，也许我们会走得很慢，但后期会加倍回报给我们，而且这种回报是稳定的、长期的回报。

这说起来与曾国藩打仗有类似之处，当他确定目标出发之后，就开始结硬寨，挖很深很深的沟壑，比别人家的都深，而不是着急进攻，其实这就是在做自己的核心竞争力。因为我们用心，持久的用心，把每一个点都做好，为客户着想，即使前期多花一些时间，到后面都会很快地赚回来，这叫磨刀不误砍柴工。

做阿里，我们就要做品牌，我们要的不是每天发广告，看一看能不能运气好碰到订单，而是要让自己扎根，真正的成长，真正的高大上。当我们真正的高大上之后，订单就会主动来找我们，而且同行的客户也会追随而来，这就需要我们做品牌高度，需要结硬寨。

总之，我们要成为真正的大树，至少这应该是我们的方向。

（二）打呆仗

做阿里巴巴有很多方法，打开商友圈或者搜索某个关键字，抑或加入某个群之后，你会发现什么样的方法都有，而且大家的模式各不相同，但其核心一定是做品牌，而做品牌的核心一定是方向定位，确定了方向，然后在阿里巴巴的规则下，做到第一。

我们要争取很多的第一，但应该是做好一个之后，再做第二个，当然，如果有足够的精力，可以同时做几个，但方向永远是大平台的第一，而且是人最多的平台，如页面转化率、一件代发频道、直播、商友圈。然而，要做到第一，就必须坚持用最正规的方法，脚踏实地地去做，比别人更用心地去做。

比如，直播的时候，平台规定不能留QQ、微信等联系方式，我们就要坚决地执行。正确的方法是，在直播之前，就应该熟悉阿里直播的规则，并看一看其他人的直播视频，一定要多看，看二三十个视频之后，就能有所收获。还可以去其他平台研究那些做得好的视频，因为用心，我们肯定会比别人做得好。

再比如做商友圈，要被推荐，要做到第一，那么，我们的文章不仅要做到原创，还要研究商友圈的规范，首页喜欢什么样的文章，而不能去模仿别人投机取巧的行为，要学习商友圈做得最好的那一个，沿着正确的方向前进，我们才可能成为明星。

一言以蔽之，脚踏实地，比别人更用心，不投机取巧，是做好阿里的最好方法。否则，就会影响到品牌的打造，只要走在正确的路上，每多做一分才能多成长一分。

当很多老板在思考如何把阿里巴巴当成接单工具的时候，当很多老板思索着投资6688元，一年可以回报多少的时候，我的学员们却在学习如何做好阿里巴巴，如何做好品牌，如何更好地服务客户，如何努力回复每一个问题……

也许在最开始的一两个月里，我的学员们与那些老板没有太大区别，但随着时间的推移，就会天差地别了，前者接到的订单会越来越多，订单越多，排名越靠前，排名靠前又能使他们接到更多的订单，如滚雪球一般，生意越做越大，同时，他们还会拥有更多的资源，一切都会朝向更好的方向前进。

也就是说，当我们在思考一年在阿里巴巴投入多少资金，收获多少的时候，更应该想着我们个人是不是应该得到提升？我们的品牌是不是能做得比同行更用心？我们能不能通过学习、用心，带着阿里一起成长。这就如同打仗，我们要分析敌我形势，然后再去布阵，要想布好阵，就一定要提高技术，做好行军打仗的基本训练。

也许多年后，我们会发现在互联网平台做得最好的，一定是用最常规的方法，甚至是最“笨”的方法的那个人，他们从来不想着走捷径，只是把普通的招数做到了极致，实际上，能把普通招数做到极致就是不普通了。

因此，在我们结硬寨之后，就要去打呆仗，踏踏实实地去努力，这个世界上没有捷径可走，只能一点一点地做好。哪怕有一天我们成为了资产过千万的老板，依然要学习，依然要努力，依然要用心，这样执着的追求定会超越很多人。

（三）久坚持

每次与阿里商友见面都让我颇有感触，尤其是很久没见的人，我总能发现他们又成长了，而且成长的速度很快。我说的“成长”不只是做阿里技术的成长，还包括他们的员工越来越多，他们的工厂越来越大，他们的“阿里”越开越多，甚至有人说要开通国际站。

时间是公平的，每个人的一天都是24小时，但几年后所收获的东西却完全不一样。有一个人在第一年做阿里的时候，穷得连诚信保障的资金都是找人借的，但现在他有10个诚信通，他依然说要再多开几个。

我有一个朋友做阿里赚了一些钱，就自己开工厂生产，厂房是租来的，工厂规模也很小，就连机器设备都是贷款买的，两年后，我再见到他时，公司规模比以前大了一倍，还清了所有的贷款，又买了很多新机器，仅一台机器就要30多万。我对他的成长感到震惊。朋友告诉我他专门设立了一间办公室，由4个人做诚信通，负责接单。

很多人原本与我们在同一条起跑线上，为什么能跑到我们前面去？原本大家都是白手起家，为什么他们能过上富裕的生活？我们去他们公司看一看，一切就会明了，他们每天都在忙忙碌碌，不停地奋 斗，争取做得更好一些，每天都在积累，水滴石穿，铁杵成针，最终让他们更为行业里做得很好的人。

那么，为什么会有那么多人坚持不下去呢？一是没有远见，没有一个大的目标，尝试一下，做不了就算了，这个行业不行再换另外一个行业，朝三暮四，最终导致一事无成。

二是心太急，总想着在一两个月就能做好，其实做得好与不好，不是平台能决定的，关键在于自己，有些人在事情还没有做的时候，就开始想着如何走捷径，如何投机取巧，想着“开外挂”，殊不知，只有脚踏实地，一点一滴地去付出，才能让你走得更坚定，更接近成功，正所谓万丈高楼平地起。

当我们结了硬寨，打了呆仗，剩下要做的事情就是坚持，唯有坚持才能获得成功。当我们看到别人在阿里巴巴这个平台做得很好的时候，不要总想着他有什么方法，有什么捷径，而是应该看到他多年来的坚持与付出，这才是他们向梦想靠近的唯一秘诀。

这已经是我第三次写有关阿里巴巴的内容了，我的前两本书《阿里巴巴品牌营销108招》《阿里巴巴品牌整体策划108招》已经出版，我之所以写了这么多关于阿里巴巴的内容，是因为这里面有很多细节可写，可很多实操的方法值得分享。

如果你想做阿里巴巴，或正在做阿里巴巴，相信这本书一定会让你有所收获。如果你有不同的见解与方法，想与我交流，就请加我的微信/QQ：838504315，让我们成为朋友，常沟通交流，一起成长。